Hexenhaus und Honigkuchen,

verführerischer Plätzchenduft und süßer Teig:
Das gehört für Kinder zur Adventszeit wie Engel
und Tannenbaum zu Weihnachten.
Ob traditionelle Butterplätzchen für die Kleinsten
oder Popkekse für moderne Kids – hier kommen
alle Kinder auf ihre Kosten.
Die Rezepte sind nach Altersstufen geordnet, und
so können Groß und Klein nach Herzenslust in der
Küche werkeln, Teig kneten und formen. Wenn nach
dem Naschen noch was übrig bleibt ...

Die Farbfotos gestaltete
Odette Teubner.

INHALT

Die Temperaturstufen bei Gasherden
variieren von Hersteller zu Hersteller. Welche Stufe Ihres Herdes der jeweils angegebenen Temperatur entspricht, entnehmen Sie bitte der Gebrauchsanweisung.
Bei Umluftherden die angegebene Temperatur um 20° reduzieren.

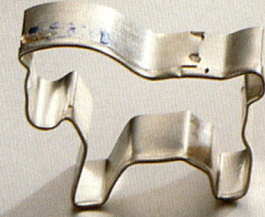

Spaß statt Streß

Für Kinder gehört die Weihnachtsbäckerei zu den Höhepunkten der Vorweihnachtszeit. Für die Eltern ist sie aber nicht immer die reine Freude: eine klebrige Küche, Keksteig allerorten, tobende Kinder und unvollendetes Gebäck sind oft das Ende vom Lied. Das muß nicht sein: Backen kann für alle Beteiligten ein Riesenspaß sein. Aber so ein Nachmittag will gut geplant und vorbereitet werden.

• Außer Makronen- und Rührteig lassen sich fast alle Teige im voraus zubereiten. Entweder Sie kneten den Teig abends oder vormittags in Ruhe ohne Kinder – oder Sie machen aus der Teigzubereitung eine Extra-Aktion mit Kinderhilfe (Alle entsprechenden Rezepte in diesem Buch sind mit dem Vermerk: Läßt sich gut vorbereiten gekennzeichnet).

• Legen Sie eine Matte mit einem feuchten Aufnehmer vor die Küchentür, damit die Zuckerspuren nicht durch die ganze Wohnung gehen.

• Legen Sie den Boden unter den Arbeitsplätzen mit Zeitungspapier aus – dann müssen Sie es nach der Aktion nur noch zusammennehmen.

• Ohne Schürze geht gar nichts! Wer keine Kinderschürzen hat, bindet eine halbe Erwachsenenschürze um den Hals und rafft sie um die Taille mit einem Gürtel. Bei vielen Gastkindern können Sie auch aus großen Plastiktüten Schürzen basteln: Schürzenumriß mit Latz ausschneiden, an den beiden oberen Taillenzipfeln Schnur festknoten und zusammenbinden. Einfache Kinderschürzen lassen sich aus Lackfolie für Tische machen: Umriß (siehe unten) ausschneiden, an den vier Ecken Metallösen fixieren und darin Baumwollbänder verknoten.

1 Kästchen des Rasters enspricht 10 cm. Materialverbrauch Lackfolie oder Stoff: 50 x 75 cm; Baumwollband: 2 cm breit, etwa 2,50 m lang. Die Schemazeichnung ist angelegt für Größe 140, bei größeren Kindern können Sie das Schnittmuster nach unten hin verlängern. Rechts ein paar Gestaltungsideen.

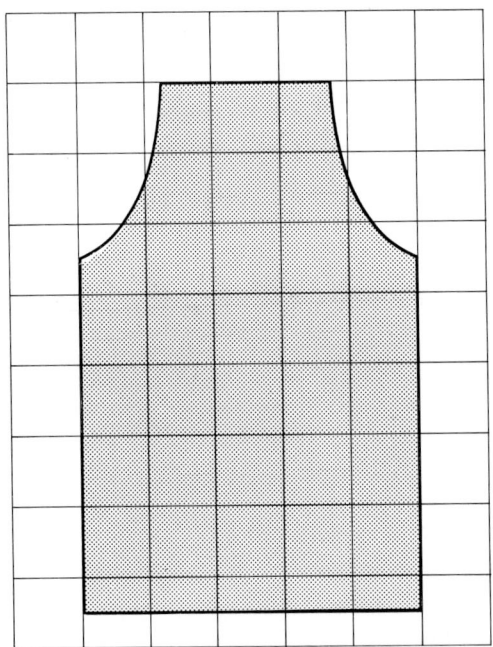
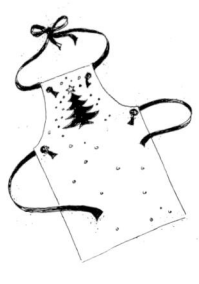

• Bereiten Sie die Arbeitsplätze für die Kinder schon vor: Jeder sollte eine Teigrolle haben, Mehl und Ausstecher müssen für alle zugänglich sein. Richten Sie ein Tablett mit Ei und Pinsel und mit verschiedenen Dekorationsmaterialien her – von Pinienkernen bis Zuckerperlen.

• Bereiten Sie auch die Bleche vor: am besten, Sie legen sie mit Backpapier aus und schneiden einige Reservebögen im voraus zurecht. Doch im allgemeinen können Sie eine Garnitur Papier 3–4mal zum Backen wiederverwenden. Zwischen den einzelnen Backgängen einfach mit Küchenpapier abwischen.

• Richten Sie das Backprogramm nach dem Alter der Kinder. Wir haben die Rezepte nach Schwierigkeitsgrad in drei Altersstufen eingeteilt: Kindergartenkinder, Grundschulkinder und Teenies. Denn wenn's zu schwierig wird, gibt's Mißerfolge, Lustlosigkeit und schlimmstenfalls Wutanfälle unzufriedener Zuckerbäcker! In den angegebenen Arbeitszeiten ist Ihre Mitarbeit einkalkuliert.

• Backen macht durstig: Stellen Sie Mineralwasser und Fruchtsaft oder Kindertee mit Gläsern bereit. Wenn Sie und die Kinder erst einmal mit Backen beschäftigt sind, haben Sie kaum Zeit für diese Dinge.

• Ganz gewitzte Mütter stellen eine kleine Naschschale mit Keksen oder Nüssen zurecht: Dann werden Teig und Garnitur von hungrigen Leckermäulern weitgehend verschont.

Das richtige Gerät für kleine Hände

Kinder sind noch nicht so geschickt wie Erwachsene – und sie sind einfach kleiner. Mit großen Gerätschaften tun sie sich oft schwer – aber auch spezielles Kindergerät ist manchmal nur niedlich und nicht wirklich praktisch.

• Teigrollen für Erwachsene können Kinder ab 8 Jahren bewältigen – und dann sind sie besser zu handhaben als Kinderrollen. Für die jüngsten Zuckerbäcker sind Rollen von etwa 20 cm Länge ideal. Kleiner sollten sie nicht sein, sonst stoßen die Hände beim Rollen auf die Arbeitsfläche.

• Bei Ausstechern gilt: je kleiner das Kind, desto kleiner und einfacher das Förmchen. Denn kleine Keks-Rohlinge lassen sich leichter aufs Backblech praktizieren als große Gebilde. Und aus einer kleinen Teigplatte lassen sich mit »Mini-Ausstechern« einfach mehr Plätzchen fabrizieren! Außerdem: Kleine Kekse sind für Kinder mundgerechter.

• Bevorzugen Sie beschichtete Backformen aus Mini-Serien für den Single-Haushalt. Daraus lassen sich die Küchlein viel leichter und ohne Pannen stürzen. Stellen Sie einen Kindertisch in die Küche: Wenn Kinder in der richtigen Höhe arbeiten können, geht weniger daneben.

• Eier zu trennen erfordert Fingerspitzengefühl, das noch nicht alle haben. Ein Eiertrenner, der auf den Schüsselrand gesetzt wird, macht's den Kindern leicht.

• Um kleine Kekse mit Eigelb einzupinseln, empfiehlt sich ein extra kleiner Pinsel für Kinder. Nehmen Sie (neue) einfache Malpinsel – die sind am günstigsten.

• Zum Schneiden brauchen Kinder ein Brett, denn sie können das Schneidegut noch nicht frei halten. Fürs Backen eignet sich am besten ein leicht geriffeltes Obstmesser.

• Ein Puppenherd mit Ofen ist ein tolles Spielzeug für Kinder, für die Weihnachtsbäckerei aber nur mit Einschränkungen geeignet: Es passen einfach zu wenig Kekse aufs Blech.

Und die Gesundheit?

Ich meine: Kekse und Konfekt sind eher Genuß- als Nahrungsmittel. Wenn Sie bei der täglichen Ernährung auf eine vollwertige Zusammensetzung achten (siehe auch meine Ratgeber zur Klein- und Schulkinderernährung), brauchen Sie nicht gerade an Weihnachten auf Zucker und Weißmehl zu verzichten. Da, wo es paßt, verwende ich Honig und Vollkornmehl. In der Regel sind die Plätzchen mit Butter gebacken, Sie können auch ungehärtete Margarine verwenden.

Gute Vorbereitung ist der beste Schutz

Hitze und Hektik, scharfe Küchengeräte und wackelige Stühle können die Küche zu einem gefährlichen Ort – nicht nur für Kinder – werden lassen. Sehen Sie sich einmal Ihre Küche unter diesem Gesichtspunkt kritisch an. Versuchen Sie, Gefahrenquellen auszuschalten:

• Lassen Sie die Kinder lieber nicht auf Stühlen kniend am großen Küchentisch hantieren. Gestalten Sie einen Arbeitsplatz, an dem die Kinder im Stehen oder Sitzen – ohne sich anzustrengen – werkeln können. Im Zweifelsfall das Kindertischchen zum Backen in die Küche holen.

• Sorgen Sie für freie Flächen, auf die Sie beim Backen das heiße Blech stellen können – in sicherem Abstand zu den Kindern. Wer einen Küchenbalkon oder eine Terrasse hat, kann auch dort ein Plätzchen zum Abkühlen suchen.

• Große, feststehende Küchenmaschinen sind kindersicherer als ein kleines Handgerät: Sie arbeiten nur, wenn der Deckel eingerastet ist. Wer eine große Küchenmaschine hat, sollte sie deshalb speziell in Gegenwart von Kindern benutzen. Handgeräte nur unter Aufsicht benutzen lassen. Erst Kinder ab 12 Jahren gehen relativ sicher damit um.

• Halten Sie sich an die Regeln, die für sichere Kleidung in der Küche gelten: Feste Schuhe schützen die Füße, wenn Messer oder Backblech doch einmal zu Boden fallen. Mit Anti-Rutsch-Socken oder Hausschuhen sollten die Kinder lieber nicht in der Küche arbeiten. Kleine Rauscheengel binden die Haare im Nacken zusammen, damit sie nicht in die Küchenmaschine geraten können. An Kleidung sind Hosen oder Leggins und eine Schürze am günstigsten.

• Sorgen Sie für ausreichend Topflappen, besser noch für Topfhandschuhe. Kleinkinder sollten mit dem heißen Blech nicht in Berührung kommen. Doch Grundschulkinder können schon lernen, damit umzugehen. Für sie sind die normalen Küchenhandschuhe meist zu groß. Vielleicht schneidern Sie ein Paar aus Steppstoff selber – als Geschenk? Legen Sie die Hand Ihres Kindes auf Papier und zeichnen die Umrisse nach. Geben Sie an Daumen- und Fingerspitzen und in der Breite 1 cm zu – die Schablone sollte eine Handbreit übers Handgelenk reichen. Eine Nahtzugabe von 1 cm reicht, wenn Sie diese Zugabe von links mit Zickzackstich aneinandernähen.

Besondere Vorsicht ist natürlich am heißen Backofen geboten. Ein dicker, wattierter Topfhandschuh, eine Schürze und feste Schuhe bieten Schutz. Kleinkinder sollten vom Backofen fernbleiben. Und lange Locken gehören in einen Zopf, wenn mit der Küchenmaschine gearbeitet wird.

Probieren geht über Studieren

Die Zeiten sind vorbei, in denen die Devise herrschte: »Messer, Gabel, Scher' und Licht sind für kleine Kinder nicht!« Denn wer nicht gelernt hat, daß der Backofen heiß und das Messer scharf ist, verbrennt oder schneidet sich wahrscheinlich beim unbeobachteten Ausprobieren erst recht. Deshalb sollten Sie Ihr Kind ab und zu unter Anleitung mit einem geeigneten Messer schneiden lassen. Auch der Umgang mit dem heißen Backofen und dem Blech will gelernt sein. Schließlich sollte Ihr Kind auch die Küchenmaschine bedienen können und im Grundschulalter beginnen, unter Aufsicht mit dem Handrührgerät zu hantieren.
Wie sieht das richtige Kindermesser aus? Sicher nicht stumpf – denn dann wird gedrückt statt geschnitten, und das Messer rutscht leicht ab. Am ungefährlichsten ist ein leicht gerifftes Obstmesser: Es hat vorne keine Spitze und es schneidet gut, ohne spitz und scharf zu sein. Der Griff sollte außerdem gut in der Kinderhand liegen und das Messer nicht zu schwer sein.

Was tun, wenn sich ein Kind verletzt?

• Verbrennungen sind sicher die häufigste Form der Backunfälle. Wenden Sie auf keinen Fall die alten Hausmittel wie Mehl, Öl, Butter, Salben oder Puder an, das erhöht nur die Infektionsgefahr. Jede Verbrennung muß vielmehr sofort gekühlt werden: Halten Sie die betreffende Stelle 10–15 Minuten unter fließendes kaltes Wasser. Oder legen Sie einen Waschlappen darauf, in den Sie Eiswürfel gewickelt haben. Ist die Haut nur gerötet, reicht diese Behandlung. Sind Brandblasen erkennbar oder weiße, nässende Wundflächen, die betroffenen Stellen mit einem sterilen, trockenen Verband oder einer Kompresse vor Infektionen schützen und sofort ärztliche Hilfe holen.
• Schnittverletzungen, die stärker bluten, mit einem Druckverband so verbinden, daß die Blutung zum Stillstand kommt, hoch lagern. Auf keinen Fall eine blutende Wunde auswaschen – das kann zu Infektionen führen.
Gehen Sie aber mit einem verletzten Kind im Zweifelsfall zum Arzt oder in die Klinik – lieber einmal umsonst.

Wer trägt die Verantwortung für kleine Gäste?

Wenn Kinder bei Ihnen zu Besuch sind, haben Sie die Aufsichtspflicht. Das bedeutet, Sie sollten immer am Ort des Geschehens sein. Passiert in Ihrer Anwesenheit trotz aller Vorsicht ein Unfall, werden Sie dafür nicht verantwortlich gemacht. Sollten Sie aber gerade im Keller oder am Telefon gewesen sein, dann kann man Sie haftbar machen. Also immer für Sicherheit sorgen, wenn Sie die Küche verlassen, oder die Kinder mitnehmen beziehungsweise vorübergehend ins Kinderzimmer schicken. Bei einer größeren Kinderschar am besten noch einen zweiten Erwachsenen dazuzubitten.

Naschen trotz Salmonellengefahr?

Salmonellen sind Bakterien, die sich auch in Hühnereiern finden und die sich bei Wärme explosionsartig vermehren. Die Infektion macht sich durch Bauchschmerzen und hartnäckigen Durchfall bemerkbar. Die beste Vorbeugung ist: keine rohen Eier essen, also keinen Teig naschen. Das fällt schwer. Deshalb haben wir für die besonders empfindlichen Kleinkinder Teige entwickelt (Seite 14), in denen kein oder nur hartgekochtes Eigelb enthalten ist. Die größeren Kinder haben schon mehr Abwehrkräfte – hier müssen Sie nicht mehr ganz so vorsichtig sein. Nehmen Sie frische, im Geschäft kühl gelagerte Eier und lassen Sie Eier und Teig nie lange bei Zimmertemperatur stehen. Übrigens: Backen tötet Salmonellen natürlich ab!

Das richtige Handwerkszeug ist auch hier wichtig

Dekoration ist für Kinder fast die Hauptsache beim Backen. Auch hier spart Vorbereitung Nerven: Das richtige Werkzeug läßt weniger danebengehen, und zuckerfreie Alternativen (siehe Seite 9) machen Kindern oft genausoviel Spaß. Vor allem, wenn sie sehen, daß es den Großen ohne Zucker besser schmeckt!

• Eine schöne Auswahl an Ausstechern erhöht den Back-Spaß. Achten Sie auf kindliche Motive wie Tiere und Spiel-

zeug. Die Ausstecher sind für die Kinder nicht nur Formen, ihnen ist auch wichtig, was sie darstellen.

• Ein Spritzbeutel mit verschiedenen Tüllen ist für Spritzgebäck, Baisers und größere Zuckertuffs am besten geeignet. Für Kinder sollten Sie einen kleinen Beutel nehmen, beim großen drückt sich oft zu viel von der Füllung unbemerkt nach oben heraus. Eine Garnierspritze ist für Kinder nicht einfach genug zu handhaben.

• Feine Zucker- oder Schoko-verzierungen gelingen am besten so: Den flüssigen Guß

in einen kleinen Gefrierbeutel füllen und eine Spitze ganz knapp abschneiden. Durch das kleine Loch läuft die Verzierung sehr fein heraus. Praktisch bei Kuvertüre, die schnell erkaltet und deshalb in kleinen Portionen gespritzt wird.

• Zuckerschrift gelingt noch besser mit kleinen Einwegspritzen aus der Apotheke – natürlich ohne Nadel! Bei buntem Guß für jede Farbe eine extra Spritze verwenden: Der Guß läßt sich damit sauber aufziehen und dann aufbringen.

• Für Kuchen, Stollen und Früchtebrot können Kinder Schablonen nach der Scherenschnittmethode anfertigen (Deckchen mehrfach falten, an den Kanten Muster ausschneiden), aufs Gebäck legen und

Eine kleine Auswahl der dekorativen Utensilien, die aus Plätzchen Kunstwerke machen und die Kinder so gerne mögen, ist hier abgebildet.

auf die Schablone zuckern – dabei entsteht ein hübsches Muster auf dem Gebäck.
• Konfekthülsen gibt es aus bunter Alufolie oder aus Papier. Man kann Pralinentütchen oder -manschetten auch selber basteln (siehe Seite 10/11).
• Praktisch für sehr feinkörniges Dekomaterial wie Mini-Zuckerperlen, Sesamsamen und Schokostreusel sind Süßstoffspender: Die Menge ist so besser zu dosieren als aus einem Glas oder aus der klebrigen Hand.

Verzierungen: nicht nur schön, sondern auch lecker!

Sicher: Zuckerzeug sieht schön aus. Aber wer möchte noch einen Keks essen, der von einer regelrechten Zuckerkruste überzogen ist? Kinderbäckerei soll nicht nur Spaß machen und toll aussehen – ich finde, sie muß auch schmecken. Nur zum Basteln und Anschauen gibt's schließlich noch den Salzteig – und der darf angemalt werden! Hier ein paar Tips für genießbare Dekorationen.
• Mit ihren unterschiedlichen Farben und Formen wirken Nüsse und Samen sehr dekorativ. Ob Sie Nüsse im Ganzen, gehobelt, gehackt oder gestiftelt nehmen, hängt von der Plätzchengröße ab. Sehr interessant wirken weiße und schwarze Sesamsamen, Mohnsamen, grüne Kürbiskerne und Pinienkerne.
• Trockenfrüchte verbrennen beim Backen leicht. Deshalb lieber helles Trockenobst wie

gelbe Rosinen, orange Aprikosen und helle Apfelstückchen nehmen. Die größte Auswahl gibt's im Reformhaus oder Bioladen.
• Wenn Sie Zuckerdeko verwenden, achten Sie darauf, ob sie backfest sind – oder nur für nachträgliche Verzierungen taugen. Sehr hübsch sind Mini-Zuckerperlen (»Non-Pareilles«), die guten alten »Liebesperlen« und schlichter Hagelzucker. Schokolinsen und hohle Zuckerperlen dagegen platzen beziehungsweise zerlaufen beim Backen.
• Zuckerguß läßt sich aus Puderzucker und wenig Zitronensaft oder Orangenblüten- oder Rosenwasser einfach selber herstellen. Rühren Sie die Flüssigkeit tropfenweise unter den Puderzucker. Je flüssiger er ist, desto transparenter wird er beim Trocknen. Wollen Sie Zuckerschrift auftragen, muß der Guß relativ fest sein. Farbig wird Zuckerguß am einfachsten mit Lebensmittelfarben. Sie können den Zuckerguß auch durch farbige Säfte tönen. Rühren Sie den Puderzucker dann nur mit dem entsprechenden Saft an: rote Bete für pink, Holundermuttersaft für lila, in etwas heißem Wasser aufgelöster Safran für gelb. Für grüne Färbung müssen Sie frische oder tiefgekühlte Spinatblätter pürieren und durchs Sieb passieren, um grünen Saft zu bekommen.
Übrigens: Möchten Sie mit dem Guß unsere Engelsburg bauen oder ein Hexenhaus, dann sollten Sie etwas Eiweiß zugeben: So hält es besser.

• In einigen Rezepten empfehle ich die Verwendung von Dekorschnee. Dieses Fertigprodukt in der Streudose unterscheidet sich von Puderzucker durch eine Stärkebeigabe. Der Effekt: Dekorschnee zieht kein Wasser. Das ist besonders bei den ausgestochenen Gelees wichtig: Sie schwimmen Ihnen sonst davon! Ersatzweise können Sie 2 Eßlöffel Puderzucker mit 1/2 Teelöffel Speisestärke oder Sahnesteif mischen und sieben.
• Marzipanrohmasse eignet sich für Dekorationen ebenfalls besonders gut: Es läßt sich zwischen den zwei Flächen eines aufgeschnittenen Gefrierbeutels oder zwischen zwei Bögen Frischhaltefolie einfach ausrollen. Danach können die Kinder kleine Förmchen ausstechen und mit etwas Zuckerguß auf Kekse oder Lebkuchen »kleben«. Farbe bekommt Marzipan wie der Zuckerguß. Meist wird empfohlen, die Rohmasse mit Puderzucker zu verlängern – ich finde das zu süß. Zu feste Rohmasse wird durch einige Tropfen Rosenwasser, Zitronensaft oder Wasser geschmeidig. Und wer Marzipan selber herstellen möchte, kocht Mandeln auf, drückt sie aus der Schale und gibt sie mit der gleichen Menge feinem Streuzucker in den Blitzhacker.
• Schokoglasur ist für Kinder nicht so einfach herzustellen: Wird sie zu warm, krümelt sie. Bleibt sie zu fest, läßt sie sich nicht verteilen. Am einfachsten gelingt eine Mischung aus 1 Teil Kokosfett und 5 Teilen Kuvertüre.

So bleibt Süßes frisch

Gebacken wird immer auf Vorrat. Oder zum Verschenken. In beiden Fällen müssen Kekse, Kuchen und Konfekt versorgt werden. Denn vom offenen Teller verschwinden süße Sachen im Handumdrehen…

• Plätzchen lagern am besten in dicht schließenden Keksdosen aus Metall oder Plastik. Legen Sie zwischen die einzelnen Schichten Butterbrotpapier. Wenn das Gebäck etwas feucht oder klebrig ist, sind Alu- oder Plastikfolie geeignet.

• Lagern Sie die Dosen an einem möglichst kühlen Ort: Keller oder Balkon (wenn es nicht friert!) sind gut geeignet.

• Hartes Gebäck wie Lebkuchen oder Springerle am besten in einem frisch gebügelten Leinentuch an der frischen Luft aufhängen: Es wird dann wieder weich. Oder in die Keksdose einige Apfelspalten legen, auch sie geben Feuchtigkeit ab.

• Früchtebrot und Stollen direkt nach dem Abkühlen in Frischhaltefolie einschlagen.

• Konfekt in dicht schließenden Plastikboxen aufbewahren – und möglichst in den Kühlschrank stellen. So behält es am besten Farbe und Aroma.

Verpackung selber machen

Etwas Selbstgebackenes ist immer ein tolles Geschenk für Eltern, Großeltern, Paten, Musiklehrer oder Freunde. Und besonders gut machen sich die

Selbstgebackene Weihnachtsplätzchen sollten meistens kühl und trocken aufbewahrt werden. Zum Verschenken wählen Sie deshalb am besten gleich eine Verpackung, die diesen Zweck auch erfüllt.

süßen Schätze in selbstgebastelter Verpackung.

• Stollen oder Früchtebrot sind ja bereits dicht in Frischhaltefolie eingeschlagen. Wickeln Sie das Gebäck wie ein Bonbon großzügig in Klarsichtfolie und schieben dabei einige ausgeschnittene Glanzsterne unter die Folie. An beiden Enden mit dekorativen Schleifen zusammenbinden.

• Ein Knallbonbon ist auch eine witzige Verpackung für feste Süßigkeiten wie Marshmellows, Trockenobstkonfekt, Makrönchen, Schnecken oder Pariser Stangerl. Eine Rolle von Küchenpapier – gekürzt oder in

ganzer Länge – mit Glanzpapier bekleben. An beiden Enden einen handbreiten Streifen Krepp- oder Seidenpapier festkleben. An einem Ende zubinden, die Rolle vom anderen Ende her füllen und dann auch diese Öffnung schließen. Wer will, kann noch einen Gutschein dazustecken, zum Beispiel für Autowaschen, Einkaufen, Küche aufräumen…

• Eine quadratische Schachtel aus buntem, festem Papier kann auch sehr hübsch aussehen. Für Konfekt kommen dann selbstgemachte Manschetten hinein: Mit einem Glas Kreise von etwa 5 cm Durchmesser auf Seidenpapier zeichnen und ausschneiden. Rundherum vom Rand in die Mitte etwa 1,5 cm lange Fransen schneiden. In die Mitte das Konfekt setzen, das Seidenpapier hochschlagen und die einzelnen Stücke dicht an dicht in die Schachtel stellen.

• Sehr hübsch sieht eine kleine Tüte aus. Dazu ein quadratisches Stück dünne, farbige Pappe aus dem Bastelgeschäft zur Tüte drehen – an einer Seite zusammenkleben. Innen entlang der oberen Kante Krepp- oder Seidenpapier kleben. Kekse oder Konfekt einfüllen und das Papier oben zusammenbinden. Noch einfacher: Stecken Sie in die Tüte eine zartseidige, möglichst gezackte Papierserviette – in der Tütenspitze mit einem Klecks Kleber fixieren. Nun die süßen Überraschungen hineinfüllen und die Serviette oben zusammenraffen und -binden.

• Schon ein Geschenk für sich: Spanschachteln mit bunter Tafelkreide bemalen – das können auch Kindergartenkinder alleine bewältigen. Anschließend die pudrige Malerei mit klarem Sprühlack fixieren und innen mit Seidenpapier ausschlagen.

• Kleine Pappschachteln lassen sich mit selbstklebendem Samt, festem Geschenkpapier, Resten von Kordeln und Litzen, vergoldeten Nüssen, Blättern, Schneckenhäusern und Muscheln märchenhaft gestalten.

• Lebkuchenbilder oder -motive brauchen einen festen Untergrund – sonst brechen sie zu leicht. Schneiden Sie ein Stück

Pappe mit demselben Umriß nach, kleiden es in Alufolie und legen den Lebkuchen darauf. Das Ganze mit Frischhaltefolie dicht verpacken. Oder malen Sie die passende Umgebung auf ein großes Stück Pappe und legen den Lebkuchen auf die passende Stelle. Zum Beispiel einen Schneemann in den Winterwald, den Nikolaus zu seinem Schlitten, die Glocke in einen Kirchturm. Oder Sie verwenden den Lebkuchen als Geschenkanhänger.

• Eine Geschenkidee für kleine Kinder: ein leeres Konservenglas mit kleinen, gerissenen Stückchen buntem Transparentpapier als Windlicht bekleben. Mit selbstgemachtem Konfekt oder Keksen füllen, zuschrauben, wenn ein Deckel vorhanden ist und ein Hütchen aus Transparentpapier mit Geschenkkordel daraufbinden

Zu diesem Buch

Kinder stehen im Mittelpunkt des Buches. Nach ihrem Können und nach ihren Vorlieben, und deshalb nach Alter, ist es gestaltet.

• Kleinkinder brauchen noch viel Hilfe beim Backen. Für sie habe ich besonders einfache Teige ausgesucht, die kaum kleben und gut zu verarbeiten sind.

• Grundschulkinder können erst mit 9 oder 10 Jahren gut alleine backen – vorher brauchen sie sicher noch etwas Unterstützung. Für sie sind Rezepte vorgesehen, die etwas mehr Geschicklichkeit verlangen. Daß sie die Kindergartenrezepte prima auch in Eigenregie fabrizieren können, versteht sich von selbst. Also, liebe Grundschulkinder, bitte nicht sagen: Diese Kekse sind doch nur etwas für die Kleinen! Euch gelingen sie einfach schon etwas besser.

• Für Teenies sind natürlich alle Rezepte ideal. Doch ab der 5./6. Klasse wächst die Geschicklichkeit – und damit die Ansprüche. Ich habe deshalb nicht nur ganz traditionelle Rezepte für euch ausprobiert, sondern auch ein paar coole. Und Ideen zum Verschenken. Denn für Eltern und Paten ist etwas Selbstgebackenes eine Riesenfreude (wenn die Küche danach nicht aussieht wie ein Schlachtfeld).

• Im letzten Kapitel gibt's Vorschläge für Backfeste mit Freunden. Da können dann auch einmal mehr als drei zusammen aktiv werden. Viel Spaß!

Weihnachtliches aus Salzteig

Nicht zum Essen

Salzteig kann man natürlich nicht naschen – aber es lassen sich damit schöne Christbaumfiguren, Türschilder, Kerzenständer und Geschenkanhänger modellieren. Und hier kann sich jeder nach seiner Lust bei der Bemalung austoben – ohne an den späteren Genuß denken zu müssen.

Grundrezept Salzteig:

1 Tasse Mehl,

1 Tasse Salz und

1/2 Tasse Wasser

gut miteinander verkneten. Sollte der entstandene Teig leicht rissig sein, ist er zu trocken. Geben Sie in diesem Fall noch etwas Wasser dazu. Wenn der Teig klebt, fügen Sie Mehl und Salz zu gleichen Teilen dazu.

Wollen Sie statt später angemalter Figuren lieber durchgefärbte haben, können Sie auch bunten Salzteig herstellen. Farbschattierungen erhalten Sie durch den Zusatz von Gewürzen, Säften oder Plakafarben. So ist zum Beispiel dunkelrotes Salzteiggebäck sehr dekorativ, wenn es nach dem Backen mit Goldbronze schattiert wird.

Figuren mit Ausstechern

Um sich mit den Eigenschaften von Salzteig vertraut zu machen, beginnen Sie am besten mit dem Ausstechen von Figuren. Dafür wird der Teig etwa 1/2–1 cm dick ausgerollt. Nun können Sie mit Ausstechern Figuren formen. Wenn diese Figuren als Baumbehang oder Geschenkanhänger verwendet werden sollen, drücken Sie an die entsprechende Stelle von der Rückseite her ein Bändchen in den Salzteig. Sie können auch mit einer Stricknadel oder einem Holzspießchen ein Loch in die Figur stechen, durch das Sie später ein Band ziehen.
Diese Figuren auf ein Backblech legen und im vorgeheizten Backofen (50°) 30–45 Minuten trocknen lassen.
Die ausgekühlten Figuren können entweder natur bleiben, oder Sie bemalen sie bunt mit Wasser- oder Plakafarben. In beiden Fällen sollten Sie die Figuren nach dem Trocknen mit Klarlack überziehen, damit keine Luftfeuchtigkeit einziehen kann.

Anhänger aus Modeln

Salzteig kann man auch wunderbar in Springerle- oder Spekulatiusformen drücken. Auch Wachsmodel oder Förmchen für Knete können dem Teig seine Form geben. Mehlen Sie die Förmchen sorgfältig ein, bevor der Teig hineinkommt, damit er sich auch wieder gut löst.

Figuren frei gestalten

Etwas schwieriger sind plastische Figuren. Ideal ist es, wenn Sie auf einem Stück Back- oder Pergamentpapier arbeiten. So lassen sich die fertigen Teile bruchsicher auf das Backblech legen.
Wollen Sie Menschen, Engel oder ähnliches herstellen, formen Sie zunächst Kugeln für Kopf und Körper. Konturen können mit einem stumpfen Messer oder kleinen Hölzchen (Zahnstochern) nachgezogen werden. Verzierungen oder fehlende Teile modellieren und leicht an den Körper setzen. Haare erhalten Sie, wenn Sie etwas Teig durch eine Knoblauch- oder Zwiebelpresse drücken. Da plastische Figuren dicker sind, brauchen sie auch länger zum Trocknen. Die Temperatur bleibt die gleiche wie bei den flachen Figuren, da der Teig sonst zu sehr bräunt, bevor er trocken ist. Die Trockenzeit erhöht sich auf 1–1 1/2 Stunden.

Mit dem Salzteig können kleine und große Könner ihrer Phantasie freien Lauf lassen: Ausstechen, mit Modeln formen oder frei modellieren – je nach Geschicklichkeit ist alles möglich.

Sahne-Aussstecher

Von diesem Teig können Kinder unbesorgt naschen!

Zutaten für 2 Backbleche:
250 g Weizenmehl
2 Eßl. Puderzucker
1 Päckchen Vanillezucker
1 Prise Salz
150 g weiche Butter
50 g saure Sahne (20% Fett)
Außerdem:
Mehl zum Ausrollen
Backpapier für das Blech
Plätzchenausstecher
1 Eigelb zum Bestreichen
hitzefestes Dekorationsmaterial

Ohne Ei • Gelingt leicht

Bei 120 Stück pro Stück etwa:
80 kJ/20 kcal
0,3 g Eiweiß · 1 g Fett
2 g Kohlenhydrate

- Vorbereitungszeit: etwa 2 Stunden (davon 1 Stunde Ruhezeit)
- Backzeit: pro Blech etwa 13 Minuten

1. Alle Zutaten zu einem glatten Teig verkneten. Den Teig in Folie schlagen und mindestens 1 Stunde im Kühlschrank ruhen lassen.

2. Den Backofen auf 180° vorheizen. Die Bleche mit Backpapier auslegen.

3. Den Teig portionsweise aus dem Kühlschrank nehmen, auf einer bemehlten Arbeitsfläche etwa 1/2 cm dick ausrollen.

Plätzchen ausstechen und auf die vorbereiteten Bleche legen.

4. Das Eigelb mit 1 Eßlöffel Wasser verrühren, die Plätzchen damit bestreichen und mit Dekoration verzieren.

4. Die Plätzchen im Backofen (Mitte) in etwa 13 Minuten goldgelb backen.

Knusper-herzen

Zutaten für etwa 2 Backbleche:
300 g Mehl
150 g feiner Zucker
1 Prise Salz
200 g weiche Butter
6 gekochte Eigelb
1 Prise Zimtpulver
Außerdem:
Backpapier für die Bleche
Mehl für die Arbeitsfläche
Herz- Ausstecher
1 Eigelb zum Bestreichen
Mandelhälften oder Zuckerperlen
zum Verzieren

Dekorativ • Naschteig

Bei 30 Stück pro Stück etwa:
520 kJ/120 kcal
2 g Eiweiß · 7 g Fett
12 g Kohlenhydrate

- Vorbereitungszeit: etwa 1 Stunde
- Ruhezeit: über Nacht
- Backzeit: pro Blech 10–12 Minuten

1. Das Mehl mit dem Zucker, dem Salz und der Butter verkneten. Die gekochten Eigelbe durch ein feines Sieb streichen, mit dem Zimt unter den Teig kneten. Den Teig zugedeckt über Nacht ruhen lassen.

2. Den Backofen auf 200° vorheizen. Die Bleche mit Backpapier auslegen.

3. Den Teig auf einer bemehlten Arbeitsfläche etwa 1/2 cm dick ausrollen. Herzchen ausstechen und auf die vorbereiteten Bleche setzen. Das Eigelb mit etwas Wasser verrühren, die Kekse damit einpinseln.

4. Nach Belieben mit Zuckerperlen oder Mandelhälften verzieren und im Backofen (Mitte) in 10–12 Minuten goldgelb backen.

Tip!

Sie können die Eier roh trennen und aus dem Eiweiß die Tannenbäumchen (Rezept Seite 20) oder Baisers (Rezept Seite 30) backen. Die Eigelbe in einer Auflaufform im heißen Wasserbad stocken lassen. Dann abkühlen lassen und durch ein Sieb streichen.

In Herzform: Knusperherzen
Andere Formen: Sahne-Ausstecher

Nußkugeln

Zutaten für 2 Backbleche:

210 g Butter

250 g Dinkelmehl

100 g gemahlene Haselnüsse

60 g Zucker

2 Päckchen Vanillezucker

1 Prise Salz

etwa 200 g ganze Haselnüsse

Außerdem:

Klarsichtfolie

Backpapier oder Dauerbackfolie für die Bleche

Unkompliziert
Naschteig

Bei 150 Stück pro Stück etwa:
125 kJ/30 kcal
1 g Eiweiß · 2 g Fett
95 g Kohlenhydrate

- Vorbereitungszeit: etwa
  1 3/4 Stunden (davon
  1 Stunde Ruhezeit)
- Backzeit: pro Blech etwa
  20 Minuten

1. Alle Zutaten bis auf die ganzen Nüsse zu einem geschmeidigen Teig verarbeiten. Den Teig zu mehreren etwa 2 cm dicken Würsten formen und diese in Folie wickeln. Für etwa 1 Stunde in den Kühlschrank legen.

2. Den Backofen auf 175° vorheizen. Die Bleche mit Backpapier auslegen. Eine Teigrolle aus dem Kühlschrank nehmen und in etwa 1 cm dicke Scheiben schneiden.

3. Aus jeder Teigscheibe eine Kugel formen und 1 Haselnuß hineindrücken.

4. Die Nußkugeln auf die vorbereiteten Backbleche legen und im Backofen (Mitte) in etwa 20 Minuten goldbraun backen.

Tip!

Statt Kugeln Kipferl formen. Diese werden nach dem Backen in einer Mischung aus Puderzucker, Kristallzucker und Vanillezucker im Verhältnis 1:1:1 gewälzt. Die ganzen Haselnüsse weglassen.

Schokoladen-busserl

Zutaten für 1 Backblech:

150 g Zartbitterschokolade

150 g weiche Butter

125 g Zucker · 2 Eier

240 g gemahlene Mandeln

50 g Mehl

1 gehäufter Eßl. Kakaopulver

150 g Zartbitterkuvertüre

Außerdem:

Backpapier für das Blech

Pergamentpapier

Schnell

Bei 60 Stück pro Stück etwa:
350 kJ/85 kcal
1 g Eiweiß · 5 g Fett
5 g Kohlenhydrate

- Vorbereitungszeit: etwa
  1 1/4 Stunden (davon
  45 Minuten Ruhezeit)
- Backzeit: 10–15 Minuten

1. Die Schokolade fein reiben. Die Butter mit dem Zucker schaumig rühren und die Eier unterrühren. Die geriebene Schokolade, die Mandeln, das Mehl und den Kakao untermischen. Den Teig für etwa 45 Minuten kühl stellen.

2. Den Backofen auf 190° vorheizen. Das Blech mit Backpapier auslegen. Aus dem Teig Laiberl oder Kugeln formen und mit etwas Abstand auf das Blech setzen.

3. Die Busserl im Backofen (Mitte) 10–15 Minuten backen. Nach dem Backen etwa 5 Minuten auf dem Blech ruhen lassen, dann erst auf einen Kuchenrost legen und vollständig auskühlen lassen.

4. Die Kuvertüre im warmen Wasserbad oder in der Mikrowelle (niedrigste Leistungsstufe) schmelzen. Die Busserl zur Hälfte in die Schokolade tauchen und zum Trocknen auf Pergamentpapier legen.

Tip!

Hübsch sieht es auch aus, wenn Sie weiße Kuvertüre zum Tauchen verwenden.

Mit den Nüssen: Nußkugeln
Mit Kuvertüre: Schokoladenbusserl

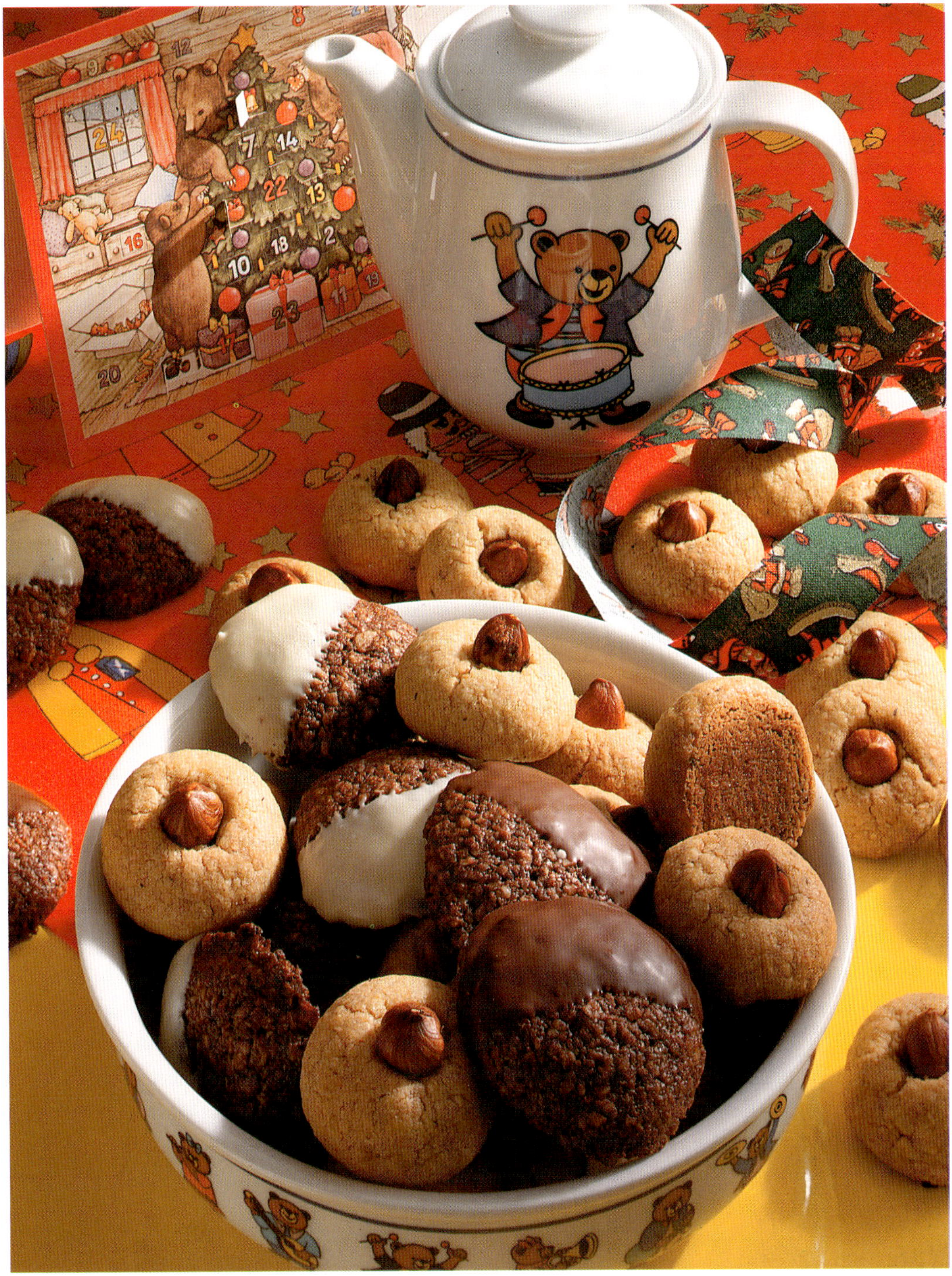

Schoko-schäumchen

Zutaten für 1 1/2 Backbleche:

125 g kernige Haferflocken

125 g weiße Schokolade

5 Eiweiß

1 Teel. Zitronensaft

250 g Zucker

125 g gemahlene Mandeln

Außerdem:

Backpapier für die Bleche

Non-Pareilles für die Garnitur

Eiweißverwertung
Gelingt leicht

Bei 80 Stück pro Stück etwa:
150 kJ/35 kcal
1 g Eiweiß · 1 g Fett
5 g Kohlenhydrate

- Vorbereitungszeit: etwa
  30 Minuten
- Backzeit: pro Blech etwa
  40 Minuten
- Zeit zum Trocknen: über
  Nacht

1. Die Haferflocken in einer Pfanne ohne Fett rösten, bis sie hellbraun sind. Sofort aus der Pfanne nehmen. Die Schokolade fein reiben.

2. Den Backofen auf 130° vorheizen. Die Bleche mit Backpapier auslegen.

3. Die Eiweiße zu sehr steifem Schnee schlagen, dabei den Zitronensaft unterrühren. Unter weiterem Rühren den Zucker einrieseln lassen, die Mandeln unterheben.

4. Mit einem Teelöffel Teig-häufchen auf die Backbleche

setzen und diese mit Non-Pareilles bestreuen.

5. Die Schäumchen im Back-ofen (Mitte) etwa 40 Minuten backen. Dabei die Ofentür mit einem Kochlöffel einen Spalt offen halten. Die Schäumchen über Nacht trocknen lassen, dann erst verpacken.

Flockenkekse

Zutaten für 2 Backbleche:

200 g ungeschwefelte, getrocknete Aprikosen

100 g ungeschwefelte Rosinen

250 g Butter

100 g Zuckerrohrgranulat

3 Eier

100 g Mandelblättchen

320 g kernige Haferflocken

1/2 Teel. Zimtpulver

1 Teel. Weinstein-Backpulver

(Reformhaus oder Bioladen)

Außerdem:

Backpapier für die Bleche

Vollwertig

Bei 100 Stück pro Stück etwa:
210 kJ/50 kcal
1 Eiweiß · 3 g Fett
5 g Kohlenhydrate

- Vorbereitungszeit: etwa
  45 Minuten
- Backzeit: pro Blech etwa
  25 Minuten

1. Die Aprikosen und die Rosi-nen waschen, gut abtropfen lassen und klein hacken.

2. Den Backofen auf 150° vorheizen. Die Bleche mit Backpa-pier auslegen.
3. Die Butter mit dem Zucker-rohrgranulat schaumig rühren, die Eier nach und nach dazu-geben, dann die übrigen Zuta-ten unter den Teig mischen.

4. Mit 2 Teelöffeln kleine Teig-häufchen auf die Bleche setzen und die Kekse im Backofen (Mitte) in etwa 25 Minuten goldbraun backen.

Im Bild vorne: Flockenkekse
Im Bild hinten: Schokoschäumchen

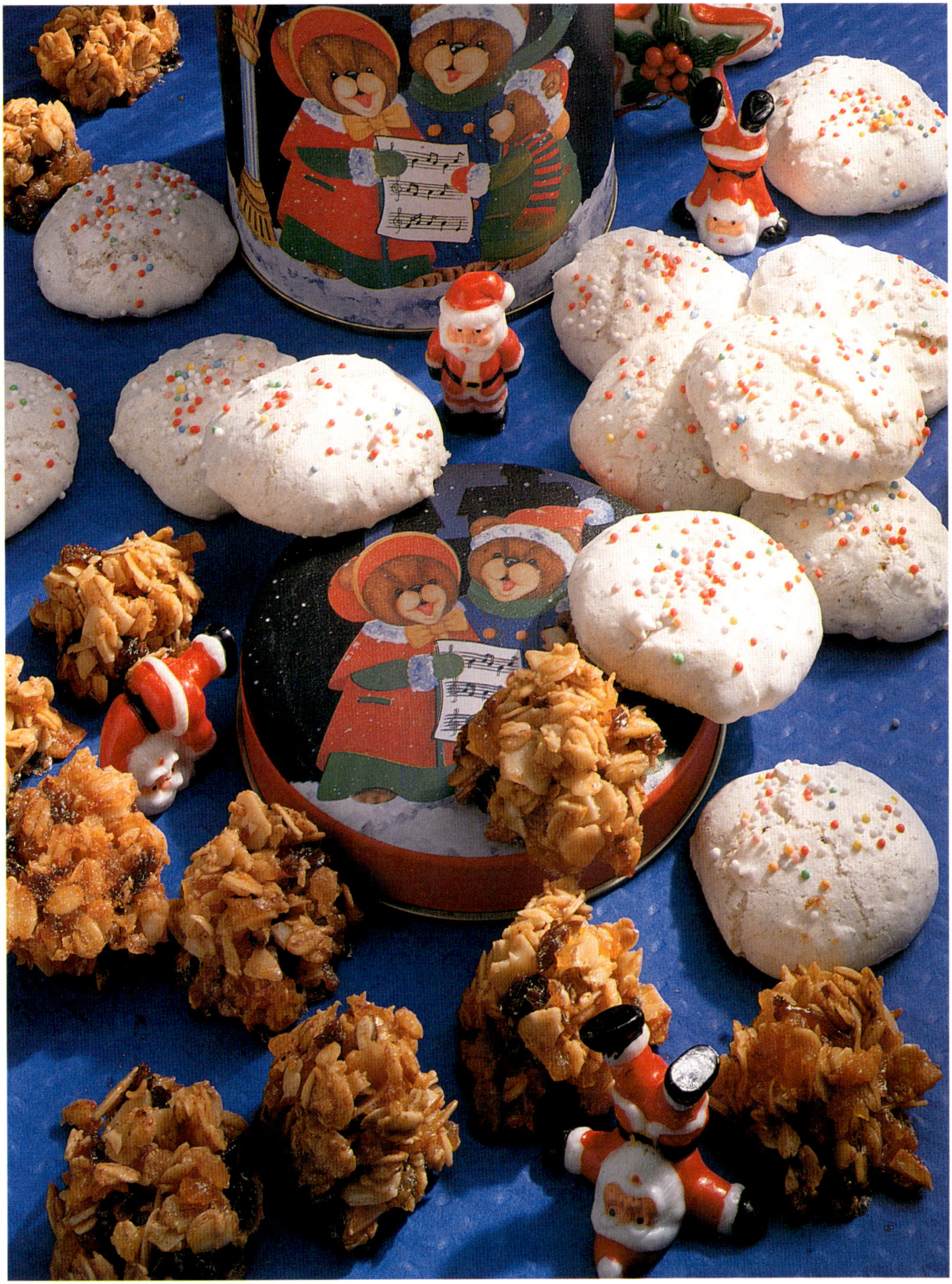

Tannen-
bäumchen

Zutaten für etwa 9 Stück:
Für den Teig:
125 g weiche Butter
100 ml Ahornsirup
3 Eier
250 g Dinkel- oder Weizenmehl
1 gehäufter Teel. Backpulver
1/2 Teel. Schale einer
unbehandelten Orange
60 ml Orangensaft
Für den Orangenguß:
150 g Puderzucker
3 Eßl. Orangensaft
Außerdem:
Bäumchenformen (Inhalt etwa 100 ml)
Fett und Semmelbrösel für die Formen
Zuckerschrift und bunte Zuckerperlen
nach Geschmack

Gelingt leicht • Dekorativ

Pro Stück etwa:
1300 kJ/310 kcal
6 g Eiweiß · 15 g Fett
19 g Kohlenhydrate

• Zubereitungszeit: etwa
  20 Minuten
• Backzeit: etwa 25 Minuten
• Zeit zum Abkühlen: etwa
  30 Minuten
• Fertigstellung: etwa
  15 Minuten

1. Den Backofen auf 175° vor-heizen. Die Formen einfetten und mit Semmelbröseln aus-streuen.

2. Die Butter mit dem Ahornsi-rup cremig rühren. Die Eier ein-zeln unterrühren. Das Mehl mit dem Backpulver und der Oran-genschale mischen und eben-

falls einrühren. Dabei soviel Orangensaft dazugeben, daß ein zähflüssiger Teig entsteht.

3. Den Teig in die Formen ver-teilen und im Backofen (Mitte) etwa 25 Minuten goldbraun backen. Die Bäumchen aus dem Ofen nehmen, aus den Formen stürzen und auf einem Kuchenrost auskühlen lassen.

4. Für den Guß den gesiebten Puderzucker mit dem Orangen-saft zu einer zähen Masse ver-rühren. Die Bäumchen damit überziehen und nach Belieben verzieren.

Tip!

Aus diesem Rührteig können Sie auch einen Kuchen in einer großen Form backen. Die Backzeit beträgt dann 50–60 Minuten.

Stern-
bäumchen

Zutaten für 9–10 Stück:
80 g Butter
8 Eiweiß
200 g Zucker
1 Eßl. Zitronensaft
120 g gemahlene Haselnüsse
160 g Mehl
10 g Kakaopulver
100 g Raspelschokolade
2–3 Eßl. Puderzucker oder Dekor-schnee

Außerdem:
Backpapier für das Blech
3 verschieden große Sternausstecher,
zum Beispiel 5, 7 und 9 cm Ø
9–10 Zahnstocher
18–20 bunte Stickersterne

Eiweißverwertung

Bei 10 Stück pro Stück etwa:
1500 kJ/360 kcal
7 g Eiweiß · 17 g Fett
39 g Kohlenhydrate

• Zubereitungszeit: etwa 1 Stunde
  (davon 30 Minuten Backzeit)

1. Den Backofen auf 180° vor-heizen. Das tiefe Backblech mit Backpapier auslegen. Die But-ter schmelzen.

2. Die Eiweiße steif schlagen, dabei den Zucker und den Zitronensaft einfließen lassen. Die Nüsse, das Mehl, den Kakao, die Raspelschokolade und die noch flüssige Butter unterheben und die Masse auf dem Blech verstreichen.

4. Den Teig im Backofen (Mitte) etwa 30 Minuten backen, dann stürzen und das Backpapier abziehen. Sterne in Dreiergruppen ausstechen. Mit Puderzucker oder Dekor-schnee überstäuben.

5. Jeweils 3 verschiedene Ster-ne aufeinanderlegen, mit einem Spießchen zusammen-stecken. Auf der Spitze zwei Sterne gegeneinanderkleben.

Im Bild vorne und hinten:
Sternbäumchen
Im Bild Mitte: Tannenbäume

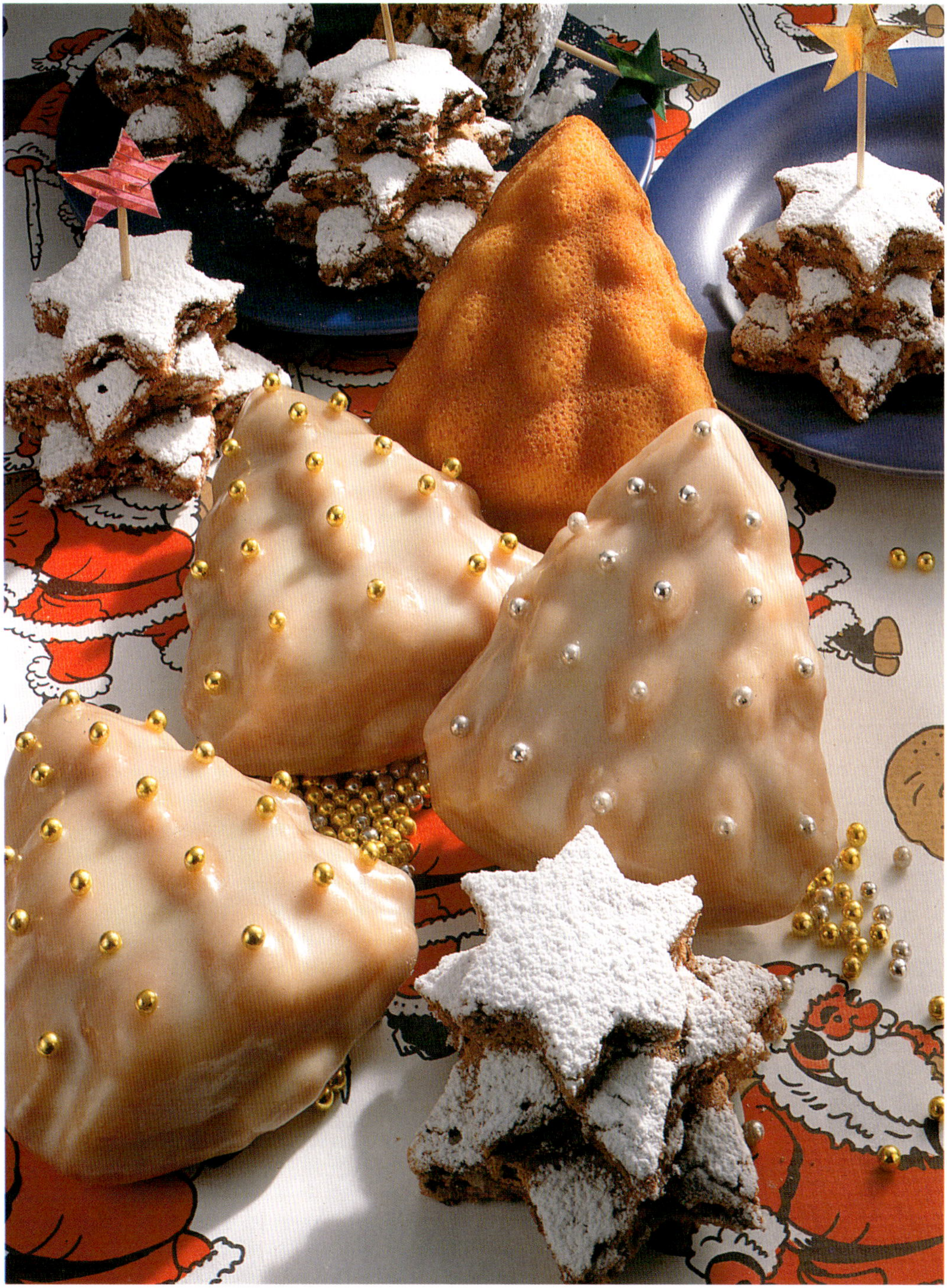

Lebkuchen-gesichter

Zutaten für etwa 16 Stück:

Für den Teig:

100 g Rosinen

100 g Orangeat

100 g Zitronat

2 Eier

70 g weiche Butter

200 g gemahlene Haselnüsse

1 Teel. Zimtpulver

1 Messerspitze gemahlene Nelken

1/2 Teel. Schale von einer unbehandelten Zitrone

250 g Vollkornweizenmehl

knapp 1/2 l Milch

Für den Guß:

50 g Zucker

1 Eßl. Wasser

1 Teel. Zitronensaft

Außerdem:

Backpapier für die Bleche oder Oblaten mit 8–9 cm Ø

Nüsse, Mandelhälften, kandierte Früchte für die Garnitur

Braucht etwas Übung

Pro Stück etwa:
1200 kJ/290 kcal
6 g Eiweiß · 19 g Fett
27 g Kohlenhydrate

- Vorbereitungszeit: ewa 1 Stunde (davon 30 Minuten Ruhezeit)
- Backzeit: pro Blech etwa 15 Minuten
- Fertigstellung: etwa 30 Minuten

1. Für den Teig die getrockneten Früchte fein hacken. Die Eier mit der Butter schlagen, die restlichen Zutaten unterrühren. Etwa 30 Minuten quellen lassen. Den Backofen auf 200° vorheizen. Die Bleche mit den Oblaten oder Backpapier auslegen. 1 Eßlöffel Teig auf jede Oblate oder das Papier setzen, nicht glattstreichen.

2. Die Lebkuchen im Backofen (Mitte) etwa 15 Minuten backen. Inzwischen für den Guß den Zucker mit dem Wasser und dem Zitronensaft aufkochen lassen und die noch heißen Lebkuchen dünn damit bestreichen.

3. Aus den Lebkuchen mit Nüssen, Mandelhälften und Kanditen lustige Gesichter gestalten.

4. Die Lebkuchen gut trocknen lassen (über Nacht). Dann in einer Blechdose verpacken.

Nikoläuse

Zutaten für etwa 5 Figuren:

250 g cremiger Honig

225 g Zucker

75 g Butter

500 g Dinkelmehl

1 Eßl. Lebkuchengewürz

1 Eßl. Pottasche (Apotheke)

1 Ei

1 Eiweiß

Außerdem:

festeres Papier für Schablonen

Backpapier für das Blech

Mehl zum Ausrollen

Nüsse oder Trockenfrüchte

Zuckerguß

Lebensmittelfarben

Zuckerdekoration

Gelingt leicht

Pro Stück etwa:
3500 kJ/830 kcal
14 g Eiweiß · 18 g Fett
150 g Kohlenhydrate

- Zubereitungszeit:
  etwa 1 1/2 Stunden
- Ruhezeit: über Nacht

Tip!

Dieser Teig eignet sich prima für ein Lebkuchen-haus: Seitenwände und Dach nach Schablone schneiden, backen wie oben und mit Zuckermörtel (Rezept Seite 60) fixieren.

1. Den Honig mit dem Zucker und der Butter erwärmen (nicht kochen), bis sich alles verbunden hat. Unter Rühren abkühlen lassen. Das Mehl mit dem Lebkuchengewürz vermischen. Die Pottasche in 1 Eßlöffel Wasser auflösen. Die Honigmasse über das Mehl träufeln. Das Ei und die Pottasche dazugeben und alles verkneten.

2. Den Teig über Nacht abgedeckt kühl stellen. Dann eine etwa 15 cm große Nikolaus-Schablone herstellen. Den Backofen auf 175° vorheizen. Das Blech mit Backpapier auslegen.

3. Den Teig etwa 1 cm dick ausrollen und mit der Schablone Figuren ausschneiden, auf das Blech legen. Nüsse oder Trockenfrüchte zum Verzieren etwas in den Teig eindrücken.

4. Das Eiweiß mit 1 Eßlöffel Wasser verrühren, die Figuren damit einpinseln. Im Backofen (Mitte) etwa 15 Minuten backen. Die kalten Figuren nach Geschmack mit Zuckerguß und Dekorationsartikeln verzieren.

Erdnuß-Flips

Zutaten für 2 Backbleche:

100 g Erdnüsse (geschält gewogen)

125 g weiche Butter

50 g Puderzucker

1 Eigelb

175 g Mehl

1 Prise Salz

Außerdem:

Backpapier für die Bleche

Gelingt leicht • Witzig

Bei 180 Stück pro Stück etwa:
55 kJ/15 kcal
0,3 g Eiweiß · 1 g Fett
1 g Kohlenhydrate

- Vorbereitungszeit: etwa
  1 1/2 Stunden (davon
  1 Stunde Ruhezeit)
- Backzeit: pro Blech
  12–15 Minuten

1. Die Hälfte der Erdnüsse fein mahlen, die andere Hälfte hacken. Das Fett mit dem Puderzucker schaumig rühren. Dann das Eigelb, das Mehl und das Salz hinzufügen und alles gut verkneten. Zum Schluß die gemahlenen Erdnüsse unterarbeiten.

2. Aus dem Teig lange, dünne Rollen von etwa 1/2 cm Durchmesser formen. Die Rollen auf ein Brett oder einen Teller legen, mit Folie abdecken und für etwa 1 Stunde in den Kühlschrank stellen.

3. Den Backofen auf 180° vorheizen. Die Bleche mit Backpapier auslegen. Jeweils 1 Teigrolle aus dem Kühlschrank nehmen, in etwa 2 cm dicke Stücke schneiden und in den gehackten Erdnüssen rollen.

4. Die Erdnuß-Flips auf die Backbleche legen. Im Backofen (Mitte) in 12–15 Minuten goldbraun backen.

Marmortaler

Zutaten für 2 Backbleche:

75 g Marzipanrohmasse

175 g weiche Butter

80 g Puderzucker

1 Päckchen Vanillezucker

1 Prise Salz

250 g Mehl

3–4 Eßl. Backkakao

eventuell etwas Milch

Außerdem:

Backpapier für die Bleche

Dekorativ

Bei 130 Stück pro Stück etwa:
95 kJ/25 kcal
1 g Eiweiß · 1 g Fett
2 g Kohlenhydrate

- Vorbereitungszeit: etwa
  2 Stunden (davon
  1 Stunde Ruhezeit)
- Backzeit: pro Blech etwa
  15 Minuten

1. Das Marzipan und die Butter mit den Quirlen des Handrührgerätes oder in der Küchenmaschine cremig rühren. Die restlichen Zutaten bis auf den Kakao dazugeben und alles zu einem glatten Teig verkneten.

2. Den Teig teilen und in die eine Hälfte den Kakao einarbeiten. Falls nötig, einige Tropfen Milch dazugeben. Die beiden Teige leicht miteinander verkneten, so daß der Teig etwas marmoriert ist.

3. Aus diesem Teig etwa 3 cm dicke Rollen formen und abgedeckt für etwa 1 Stunde in den Gefrierschrank legen. Den Backofen auf 180° vorheizen. Die Bleche mit Backpapier auslegen.

4. Die Teigrollen in gleichmäßige Scheiben von etwa 1/2 cm Dicke schneiden und auf die Bleche legen. Die Taler im Backofen (Mitte) etwa 15 Minuten backen.

Tip!

Die Teigrollen werden angefroren, damit sich die Taler beim Schneiden nicht verformen, sondern schön rund bleiben.

Im Bild vorne und hinten: Marmortaler
Im Bild Mitte: Erdnuß-Flips

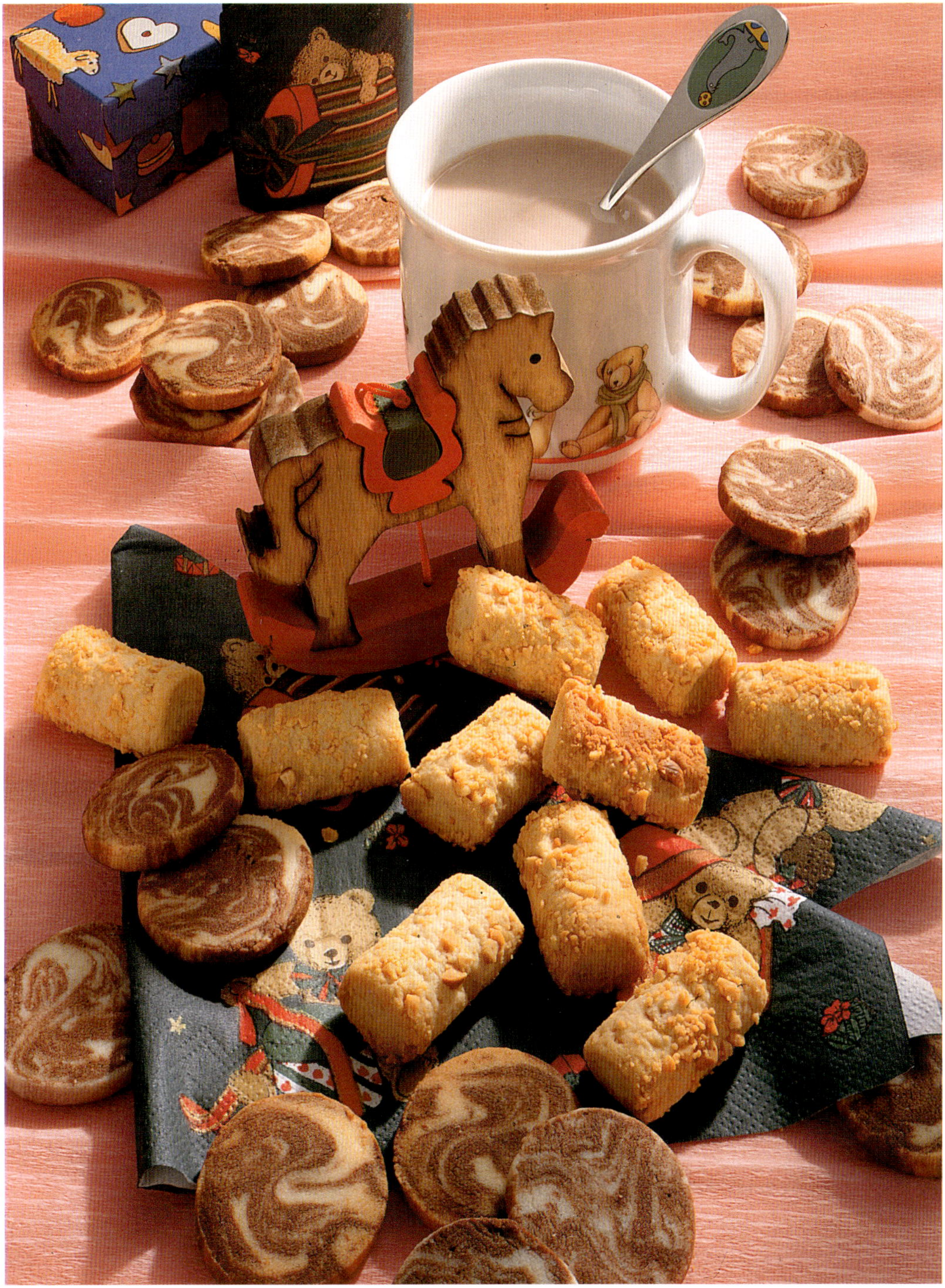

Kernige Scho-kohäufchen

Besonders hübsch zum Ver-schenken sehen sie in farbigen Pralinenmanschetten aus.

Zutaten für etwa 50 Stück:
100 g Sonnenblumenkerne
50 g Dörrpflaumen
200 g Zartbitterkuvertüre
50 g Cornflakes
Außerdem:
Pergamentpapier

Gelingt leicht
Ohne Backen

Pro Stück etwa:
170 kJ/40 kcal
1 g Eiweiß · 1 g Fett
2 g Kohlenhydrate

- Zubereitungszeit: etwa
  20 Minuten
- Zeit zum Trocknen: 1 Stunde

1. Die Sonnenblumenkerne in einer Pfanne ohne Fett rösten, bis sie duften, dann sofort in einen Teller füllen. Die Dörr-pflaumen in kleinere Würfel schneiden.

2. Auf der Arbeitsfläche Perga-mentpapier auslegen. Die Kuvertüre im heißen Wasser-bad schmelzen. Die übrigen Zutaten in die geschmolzene Schokolade rühren und mit zwei Teelöffeln kleine Häuf-chen auf das Pergamentpapier setzen. Die Häufchen gut trock-nen lassen, am besten im Kühl-schrank, dann verpacken.

Kokos-Honig-Kugeln

Zutaten für etwa 20 Stück:
100 g weißer Honig (zum Beispiel
Raps-Klee-Honig)
50 g getrocknete Ananas oder
Zitronat
60 Kokosflocken
1/2 Teel. Zitronensaft

Schnell • Ohne Backen

Pro Kugel etwa:
150 kJ/35 kcal
0,2 g Eiweiß · 1 g Fett
6 g Kohlenhydrate

- Zubereitungszeit: etwa
  45 Minuten
- Zeit zum Trocknen: einige
  Stunden

1. Den Honig im heißen Was-serbad leicht erwärmen, bis er dickflüssig ist. Die Ananas oder das Zitronat in sehr kleine Wür-fel schneiden. Die Würfel mit 50 g Kokosflocken und dem Zitronensaft unter den Honig rühren.

2. Die Masse etwas fester wer-den lassen, dann mit einem Teelöffel Portionen abstechen. Die Honigmasse mit nassen Händen zu Kugeln formen und in den restlichen Flocken wäl-zen. Die Schneekugeln auf Tel-ler legen und vor dem Ver-packen einige Stunden an der Luft trocknen lassen.

Tip!

Bastelprofis können verschie-den große Kugeln rollen, leicht zusammendrücken, daß ein typischer Schnee-mann entsteht, mit einem Holzspießchen von oben fixieren. Dazu ein schwarzer Hut aus Bastelkugeln und -pappe, Orangeatnase, Schokoaugen und -knöpfe: fertig!

Bild oben: Kokos-Honig-Kugeln
Bild unten: Kernige Schokohäufchen

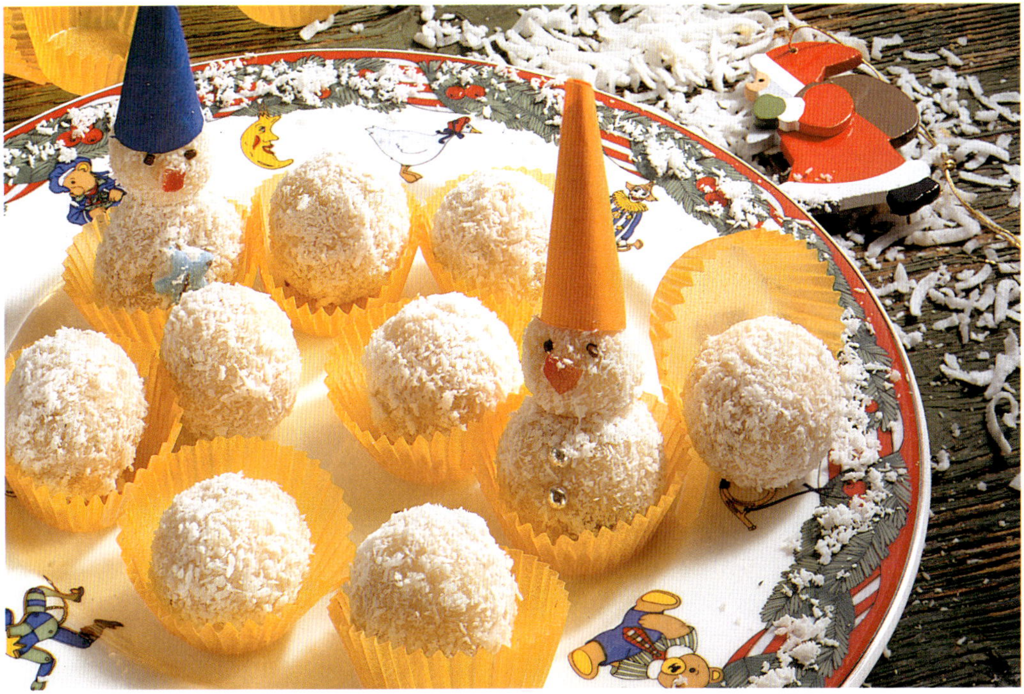

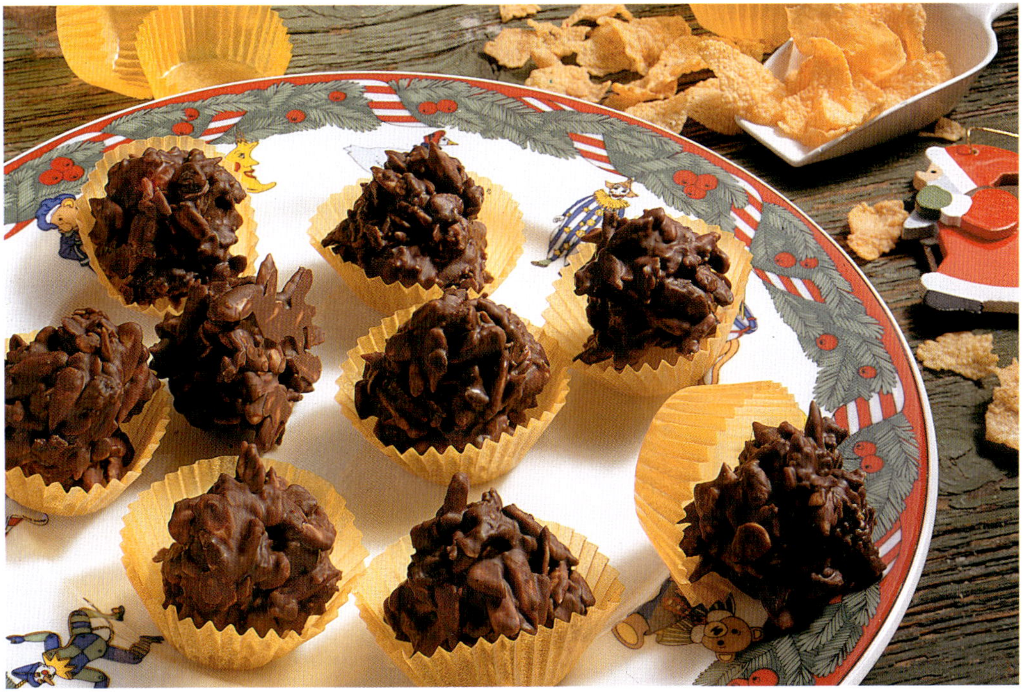

Falsches Marzipan

Dieses Marzipan ist preiswerter und gesünder als die übliche Rohmasse. Aber weil weniger Süßungsmittel drin ist, ist es nicht so lange haltbar: 2–3 Wochen im Kühlschrank.

Zutaten für 950 g:
300 g Kartoffeln
300 g Honig
350 g Haselnüsse
Außerdem:
Pergamentpapier
Lebensmittelfarben, Kuvertüre, Zuckerguß, Kakaopulver, kandierte Früchte, buntes Zuckerwerk nach Belieben für die Garnitur

Preiswert
Gelingt leicht

Bei beispielsweise 70 Kartoffeln pro Stück etwa:
230 kJ/55 kcal
1 g Eiweiß · 3 g Fett
5 g Kohlenhydrate

- Zubereitungszeit: etwa 1 Stunde ohne Zeit zum Formen
- Zeit zum Trocknen: über Nacht

1. Die Kartoffeln waschen und in Wasser je nach Größe in etwa 20 Minuten garen. Die gegarten Kartoffeln noch heiß pellen und durch die Kartoffelpresse drücken.

2. Während die Kartoffeln garen, die Haselnüsse gegebenenfalls (siehe Tips) in einer Pfanne ohne Fett rösten. In einem Handtuch gegeneinanderreiben und so schälen. Die Haselnüsse fein mahlen.

3. Den Honig und die Nüsse zu den Kartoffeln geben, mit den Knethaken der Küchenmaschine so lange bearbeiten, bis eine formbare Masse entstanden ist. Die Masse auf eine Platte streichen und abkühlen lassen.

4. Aus der Masse nach Belieben Kartoffeln, Bretzeln, Brotlaibe, Stangen, Früchte oder Figuren formen. Die Kartoffeln leicht mit Kakaopulver übersieben.

5. Das Marzipan auf Pergamentpapier (am besten in der Nähe der Heizung) über Nacht zum Trocknen auslegen.

6. Die entstandenen Kunstwerke je nach Objekt, Können und Geschmack glasieren und verzieren.

Tips!

Knetekönner können auch plastische Figuren, zum Beispiel Engel herstellen. Einfacher ist es jedoch, das Marzipan zwischen zwei stabilen Klarsichtfolien (zum Beispiel einem aufgeschnittenem Gefrierbeutel) auszurollen und mit Ausstechern die Formen auszustechen. Schön sieht geflämmtes Marzipan aus. Dafür werden die Marzipanfiguren bei 220° für sehr kurze Zeit im Backofen gebacken. (Vorsicht, das Marzipan verbrennt sehr schnell – daneben stehenbleiben!) Hübsch sind auch Figuren aus buntem Marzipan. Neben den handelsüblichen Lebensmittelfarben können Sie auch mit natürlichen Farben (siehe Seite 9) buntes Marzipan herstellen. Übrigens: für Marzipan-Kartoffeln müssen die Nüsse nicht geschält sein – da darf die Masse bräunlich sein!

Der Gestaltungslust sind beim Marzipanmodellieren kaum Grenzen gesetzt. Es muß dabei nicht immer perfekt sein. Auch die größeren Kinder und die Erwachsenen werden beim Formen und Verzieren gerne mitmachen.

Spritzbusserl

Zutaten für 2 Backbleche:
150 g weiche Butter
120 g Zucker
3 Eier
1 Messerspitze abgeriebene Schale
einer unbehandelten Zitrone
200 g Mehl
75 g Speisestärke
Außerdem:
Backpapier für die Bleche
Gebäckspritze oder Spritzbeutel mit
großer Tülle

Gelingt leicht

Bei 75 Stück pro Stück etwa:
160 kJ/40 kcal
1 g Eiweiß · 2 g Fett
4 g Kohlenhydrate

- Vorbereitungszeit: etwa
  30 Minuten
- Backzeit: pro Blech etwa
  15 Minuten

1. Den Backofen auf 180° vorheizen. Die Bleche mit Backpapier auslegen.

2. Die Butter mit dem Zucker schaumig rühren. Die Eier und die Zitronenschale unterrühren. Nach und nach das Mehl und die Stärke einrühren.

3. Den Teig in die Gebäckspritze oder den Spritzbeutel füllen und mit Abstand etwa walnußgroße Tuffs auf die Bleche spritzen. Die Kekse im Backofen (Mitte) in etwa 15 Minuten goldbraun backen.

Tip!

Stellen Sie den Teig kalt und holen Sie immer nur so viel aus dem Kühlschrank, wie in die Spritze/den Spritzbeutel paßt. Der weiche Teig würde Ihrem Kind sonst aus dem Spritzbeutel laufen.

Mandel-Baisers

Zutaten für 1 Backblech:
30 g gemahlene Mandeln
4 Eiweiß · 75 g Zucker
1 Teel. Zitronensaft
Mandelblättchen nach Belieben
Außerdem:
Pergament- oder Backpapier für
das Blech
Spritzbeutel mit großer Sterntülle
oder Gebäckspritze

Eiweißverwertung
Zerbrechlich

Bei 20 Stück pro Stück etwa:
115 kJ/30 kcal
1 g Eiweiß · 1 g Fett
4 g Kohlenhydrate

- Zubereitungszeit: etwa
  2 1/2 Stunden (davon
  1 1/2 Stunden Backzeit)

1. Die Mandeln in einer Pfanne ohne Fett rösten, bis sie leicht braun werden, dann umfüllen und abkühlen lassen.

2. Den Backofen auf 120° vorheizen. Das Blech mit Pergament- oder Backpapier auslegen.

3. Die Eiweiße zu steifem Schnee schlagen, dabei den Zucker und den Zitronensaft einrieseln lassen. Wenn die Masse matt glänzt, die Mandeln unterheben und alles in den Spritzbeutel füllen.

4. Aus der Masse mit etwas Abstand etwa 20 Kringel auf das Blech spritzen. Diese nach Belieben mit Mandelblättchen bestreuen.

5. Die Mandel-Baisers im Backofen (Mitte) in etwa 1 1/2 Stunden eher trocknen als backen. Dabei die Backofentür mit einem Kochlöffel einen Spaltbreit offen halten. Nach etwa der Hälfte der Zeit die Kringel mit Pergamentpapier abdecken.

6. Die Baisers auf einem Rost vollständig auskühlen lassen, dann zwischen Pergamentpapier in einer gut schließenden Dose aufheben.

Tip!

Die Baisers lassen sich pastellfarbig tönen (siehe Seite 9) und mit einem dekorativen Band an den Christbaum hängen. Dafür dann eventuell geschälte Mandeln verwenden und nach Belieben verzieren.

Im Bild vorne: Spritzbusserl
Im Bild hinten: Mandel-Baisers

Makrönchen

Zutaten für 2 Backbleche:

3 Eier

200 g heller Honig (zum Beispiel Klee- oder Rapshonig)

1 Messerspitze Vanillepulver (Reformhaus)

1 Prise Salz

200 g Kokosflocken

100 g kernige Haferflocken

Außerdem:

Backpapier für die Bleche

Vollwertig

Bei 70 Stück pro Stück etwa:
130 kJ/30 kcal
1 g Eiweiß · 1 g Fett
5 g Kohlenhydrate

- Vorbereitungszeit: etwa 1 Stunde (davon 30 Minuten Quellzeit)
- Backzeit: pro Blech etwa 25 Minuten

1. Die Eier mit dem Honig cremig rühren. Das Vanillepulver, das Salz, die Kokosflocken und die Haferflocken dazugeben und unterrühren. Den Teig etwa 30 Minuten quellen lassen.

2. Den Backofen auf 150° vorheizen. Die Bleche mit Backpapier auslegen.

3. Mit zwei Teelöffeln kleine Häufchen auf die Bleche setzen, dabei immer etwas Abstand lassen. Die Makrönchen im Backofen (Mitte) in etwa 25 Minuten goldbraun backen. Die Makrönchen auf dem Blech abkühlen lassen.

Cup-Kekse

In den USA werden Backzutaten nicht gewogen, sondern in Tassen (englisch: cups) gemessen. 1 Cup entspricht einem knappen Viertelliter. Im Fachgeschäft gibt's geeichte Cups.

Zutaten für 30–35 Stück:

2 Tassen Weizenvollkornmehl

4 Eßl. Kakaopulver oder 1 Teel. abgeriebene Schale einer unbehandelten Orange

2 Teel. Natron (Apotheke)

1 Prise Salz

1 Tasse Kleehonig

1/2 Tasse Öl

2 Eier

etwas Sahne oder Orangensaft

2 Eßl. Obstessig

1 Eßl. Vanillezucker

Für den Zuckerguß:

125 g Puderzucker

1–2 Eßl. Wasser oder Saft

Lebensmittelfarbe

bunte Zuckerstreusel

Außerdem:

Backmanschetten aus Papier

Gelingt leicht
Spezialität aus USA

Bei 35 Stück pro Stück etwa:
250 kJ/60 kcal
1 g Eiweiß · 2 g Fett
9 g Kohlenhydrate

- Vorbereitungszeit: etwa 30 Minuten
- Backzeit: pro Blech etwa 15 Minuten
- Fertigstellung: etwa 15 Minuten

1. Den Backofen auf 180° vorheizen. Die Papiermanschetten auf die Backbleche stellen.

2. Das Mehl, den Kakao oder die Orangenschale, das Natron und das Salz miteinander vermischen, in eine Schüssel geben und in die Mitte eine Mulde drücken.

3. Den Honig im heißen Wasserbad erwärmen, bis er flüssig ist. Das Öl und den Honig zusammenrühren, in die Mulde der Mehlmischung gießen und etwas mit dem Mehl vermengen. Die Eier verquirlen und mit so viel Sahne oder Orangensaft auffüllen, bis eine Tasse voll ist. Die restlichen Zutaten mit der Flüssigkeit dazugeben und alles verrühren.

4. Den Teig mit einem Eßlöffel in die Manschetten füllen. Die Manschetten dürfen höchstens zur Hälfte gefüllt sein, da der Teig stark aufgeht. Die Küchlein im Backofen (Mitte) etwa 15 Minuten backen, dann bei leicht geöffneter Tür im Ofen etwas abkühlen lassen.

5. Den Zuckerguß aus dem Puderzucker und der Flüssigkeit anrühren und mit Lebensmittelfarbe beliebig färben. Die Küchlein mit dem Guß und den Zuckerstreuseln verzieren.

Im Bild vorne: Makrönchen
Im Bild hinten: Cup-Kekse

Zigarren

Zutaten für etwa 60 Stück:

50 g weiße Schokolade
200 g Marzipanrohmasse
40 g Zucker
40 g Butter
2 Eier
250 g Mehl
100 g Schokoladenglasur
50 g gemahlene Nüsse
Außerdem:
Backpapier für das Blech

Gelingt leicht • Witzig

Pro Stück etwa:
250 kJ/60 kcal
1 g Eiweiß · 2 g Fett
6 g Kohlenhydrate

- Vorbereitungszeit: etwa
  2 1/4 Stunden (davon
  1 Stunde Ruhezeit)
- Backzeit: etwa 15 Minuten

Tip!

Selbstgebastelte Bauchbinden geben den Zigarren erst das richtige Aussehen: Trennen Sie von Pralinenmanschetten den Boden ab oder schneiden Banderolen aus Glanzpapier – vielleicht mit Stickern verziert.

1. Die Schokolade fein reiben. Aus allen Teigzutaten einen festen, gut formbaren Teig kneten. Den Teig in Folie gewickelt etwa 1 Stunde im Kühlschrank ruhen lassen.

2. Den Backofen auf 180° vorheizen. Das Blech mit Backpapier auslegen. Aus dem Teig Zigarren formen und auf das Backblech legen.

3. Die Zigarren im Backofen (Mitte) etwa 15 Minuten backen und auf dem Blech abkühlen lassen. Die Glasur im heißen Wasserbad auflösen. Die Schokolade am besten mit dem Pinsel auf die Zigarren auftragen.

4. Die Hälfte der Zigarren mit den gemahlenen Nüssen bestreuen.

Schnecken

Mit diesem Teig läßt sich auch klassisches Schwarz-weiß-Gebäck herstellen. Doch das ist für Grundschulkinder noch etwas zu kompliziert.

Zutaten für 1 1/2–2 Bleche:
200 g Mehl
100 g Zucker
100 g Butter
1 Prise Salz
1 Päckchen Vanillezucker
1 Ei
1 Eßl. Backkakao
eventuell etwas Milch
Außerdem:
Backpapier für die Bleche

Für Geschickte Dekorativ

Bei 60 Stück pro Stück etwa:
145 kJ/35 kcal
1 g Eiweiß · 2 g Fett
5 g Kohlenhydrate

- Zubereitungszeit:
  etwa 2 3/4 Stunden
  (davon 2 Stunden Ruhezeit)
- Backzeit: pro Blech etwa
  15 Minuten

1. Die Zutaten bis auf den Kakao zu einem geschmeidigen Teig verkneten, halbieren, und in die eine Hälfte den Kakao kneten. (Falls notwendig, einige Tropfen Milch dazugeben.) Abgedeckt für etwa 2 Stunden kühl stellen.

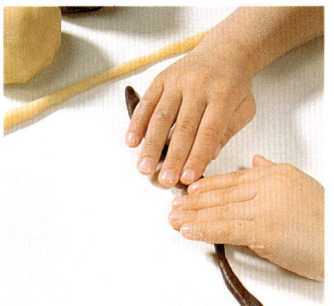

2. Den Backofen auf 180° vorheizen. Die Bleche mit Backpapier auslegen. Von den Teigen etwa nußgroße Stücke abteilen und zu gleich langen, dünnen Schlangen rollen.

3. Je eine helle und eine dunkle Schlange etwas aneinanderdrücken oder wie eine Kordel verdrehen und zu Schnecken aufrollen. Die Schnecken auf das Blech legen.

4. Die Kekse im Backofen (Mitte) etwa 15 Minuten backen. Auf dem Blech kurz ruhen lassen, dann auf einem Kuchenrost ganz auskühlen lassen.

Quark-Ölteig Figuren

Aus diesem Teig können die Kinder »Kloßkerle« für Nikolaus backen – er ist mit Hefeteig vergleichbar.

Zutaten für 1 Backblech:
150 g Quark
6 EßI. Öl
1 Ei
1 Prise Salz
4 EßI. Zucker
200 g Weizenmehl (Type 550)
100 g Hirsemehl
1/2 Päckchen Backpulver
Außerdem:
Handrührgerät oder Küchenmaschine
Backpapier für das Blech
Mehl für die Arbeitsfläche
1 Ei zum Bestreichen
Samen, Nüsse und Rosinen zum
Verzieren

Gelingt leicht

Bei 20 Figuren pro Stück etwa:
295 kJ/70 kcal
2 g Eiweiß · 4 g Fett
7 g Kohlenhydrate

- Zubereitungszeit: etwa 1 Stunde
- Backzeit: etwa 15 Minuten

1. Alle Zutaten in eine Schüssel geben und mit den Knethaken des Handrührgerätes oder mit der Küchenmaschine gut durchkneten. Ist der Teig zu klebrig und weich, noch 1–2 Eßlöffel Mehl unterarbeiten.

2. Den Backofen auf 180° vorheizen. Das Blech mit Backpapier auslegen.

3. Aus dem Teig nach Belieben Igel, Mäuschen, Schneemänner oder sonstige Figuren formen. Dafür den Teig entweder etwa 1 cm dick ausrollen und in Form schneiden – bei schwierigeren Figuren mit Schablone – oder mit der Hand frei formen.

4. Das Ei zum Bestreichen mit 1 Eßlöffel Wasser verquirlen. Die Teigstücke damit bestreichen. Alle Figuren auf das Blech setzen. Nun können Sie die Figuren nach Belieben mit den Nüssen, Rosinen oder ähnlichem verzieren.

5. Die Figuren im Backofen (Mitte) in etwa 15 Minuten goldbraun backen. (Dickere Stücke brauchen etwas länger.) Das Gebäck nicht zu lange aufbewahren.

Tip!

Wir haben mit diesem Teig in der Schule gebacken: Er ist unkompliziert, läßt sich prima formen und kann als zweites Frühstück gegessen werden.

In der Schule backen

Viele Grundschulen haben einen Mehrzweckraum oder sogar eine Lehrküche, in der die Kinder kochen und backen können. Voraussetzungen sind eine gute Vorbereitung, die Hilfe einiger Eltern und unkomplizierte Rezepte.
Der Quark-Ölteig eignet sich für solche Aktionen wunderbar: Er verträgt robuste Behandlung, läßt sich auch mit einem Handrührgerät bewältigen und eignet sich zum Ausrollen und Modellieren. Wir führten diese Aktion in einer 2. Klasse mit 30 Kindern und drei Müttern durch. Im Sachkundeunterricht wurden zuvor Getreide und Mehl besprochen. Wir hatten nur einen Backofen zur Verfügung – deshalb wurde in der großen Pause fertig gebacken, was die Kinder fabriziert hatten. Das Rezept wurde von den Kindern am Vortag ins Heft abgeschrieben, die Arbeitsabläufe besprochen. Es wurden 3 Gruppen gebildet, die jeweils ein Teigrezept zubereiteten – danach bekam jedes Kind seine Portion Teig (genau abgewogen!) zur weiteren Verarbeitung. Für ähnliche Unternehmungen sind speziell die Rezepte für Kindergartenkinder geeignet: sie sind am einfachsten.

Auf dem Foto könnt ihr gut sehen, welche Art von Figuren sich aus Quark-Ölteig formen lassen. Anregungen fürs Verzieren findet ihr auch – euch Kindern fällt bestimmt noch mehr ein.

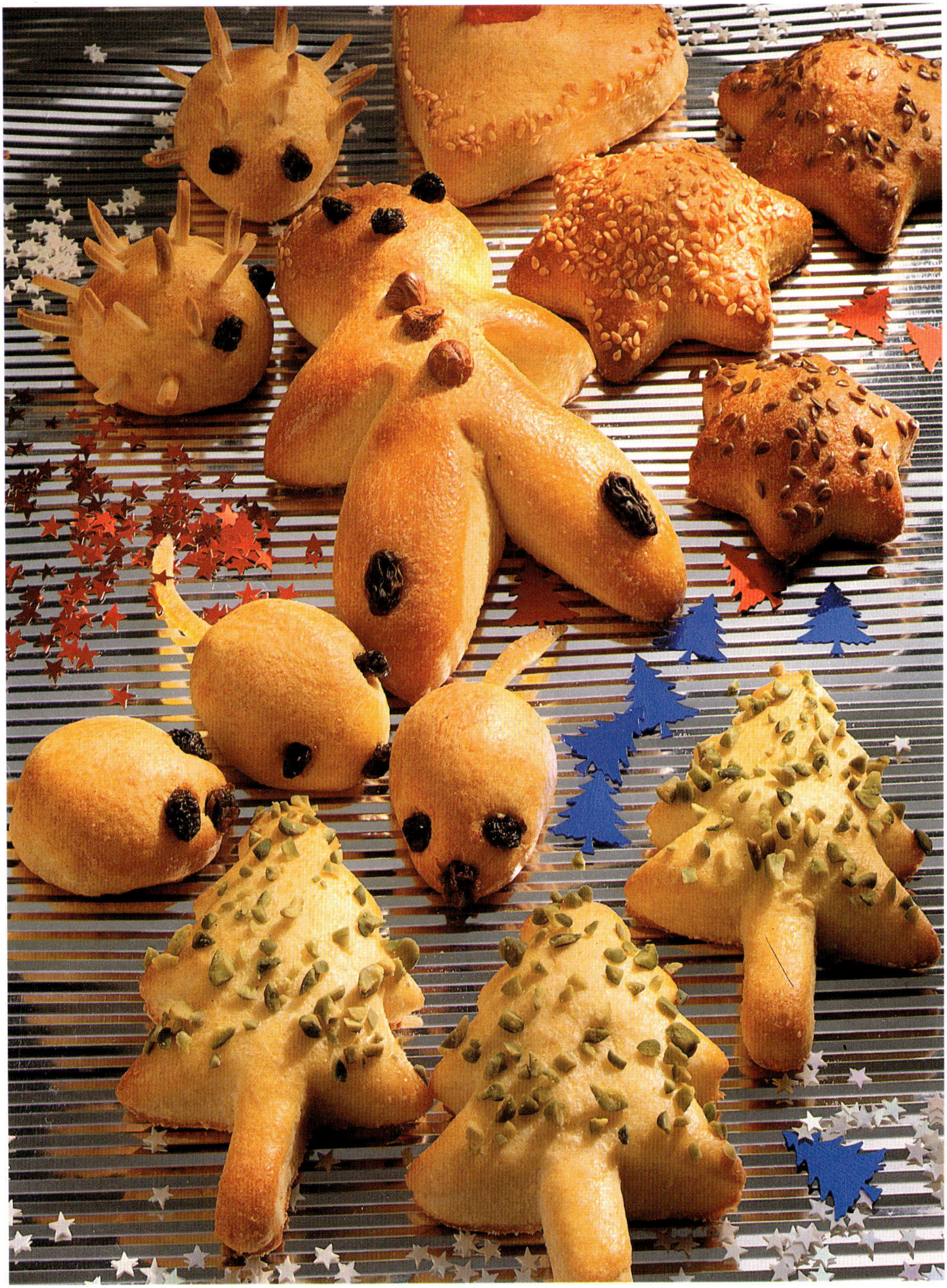

Zitronenkekse

Zutaten für 1 1/2–2 Backbleche:

120 g Mehl · 100 g Butter

40 g Zucker

abgeriebene Schale von 1/2 unbehandelten Zitrone

1 Prise Salz

1 kleines Eigelb

100 g Puderzucker

1–2 Eßl. Zitronensaft

Außerdem:

Backpapier für die Bleche

Mehl für die Arbeitsfläche

große Mond- oder Sternausstecher

Gebäckschmuck

Gelingt leicht

Bei 30 Stück pro Stück etwa:
250 kJ/60 kcal
1 g Eiweiß · 3 g Fett
8 g Kohlenhydrate

- Vorbereitungszeit:
  1 3/4–2 3/4 Stunden (davon
  1–2 Stunden Ruhezeit)
- Backzeit: pro Blech etwa
  10 Minuten
- Kühlzeit: etwa 30 Minuten
- Fertigstellung: etwa
  15 Minuten

1. Das Mehl mit der Butter in Flöckchen, dem Zucker, der Zitronenschale, dem Salz und dem Eigelb rasch zu einem glatten Teig verkneten. Den Teig in Folie verpackt 1–2 Stunden ruhen lassen.

2. Den Backofen auf 170° vorheizen. Die Bleche mit Backpapier auslegen.

3. Den Teig auf einer bemehlten Arbeitsfläche etwa 1/2 cm dick ausrollen, ausstechen und im Backofen (Mitte) in etwa 10 Minuten goldgelb backen, dann abkühlen lassen.

4. Den Puderzucker mit dem Zitronensaft zu einem dicken Guß rühren, die Kekse damit glasieren und nach Belieben verzieren.

Gefüllte Schokokekse

Zutaten für 1 1/2–2 Backbleche:

Für den Teig:

Mark von 1/2 Vanilleschote

220 g Dinkelmehl

110 g Zucker · 120 g Butter

1 Ei · 2–3 Eßl. Sahne

Für die Füllung:

50 g Vollmilchschokolade

50 g Butter

50 g Honig

100 g fein gemahlene Haselnüsse

Außerdem:

Fett und Mehl oder Backpapier für die Bleche

große und kleine Sternformen zum Ausstechen

Für Geschickte Dekorativ

Bei 40 Stück pro Stück etwa:
400 kJ/95 kcal
1 g Eiweiß · 6 g Fett
8 g Kohlenhydrate

- Vorbereitungszeit: etwa
  2 Stunden (davon
  1 Stunde Ruhezeit)
- Backzeit: pro Blech
  12–15 Minuten
- Kühlzeit: etwa 1 Stunde
- Fertigstellung: etwa
  15 Minuten

1. Für den Teig das Vanillemark mit dem Mehl, dem Zucker, der Butter und dem Ei zu einem festen Teig verkneten. Den Teig in Folie wickeln und etwa 1 Stunde im Kühlschrank ruhen lassen.

2. Den Backofen auf 180° vorheizen. Die Bleche mit Backpapier auslegen.

3. Den Teig portionsweise dünn ausrollen und große Sterne ausstechen. Die Hälfte der Sterne auf ein Blech setzen, von der anderen Hälfte mit einem kleineren Ausstecher die Mitte ausstechen. Die so entstandenen Rahmen ebenfalls auf ein Blech setzen. Die Sterne und die Rahmen mit der Sahne bepinseln und im Backofen (Mitte) in 12–15 Minuten goldgelb backen. Die Rahmen eventuell etwas eher herausnehmen. Die Kekse auf einem Tablett vollständig auskühlen lassen.

4. Für die Füllung die Schokolade im heißen Wasserbad schmelzen. Die übrigen Zutaten in die flüssige Schokolade einrühren. Die ganzen Sterne mit der weichen Masse bestreichen und die Sternrahmen darauf setzen. Die Masse gut auskühlen und fest werden lassen. Die Kekse kühl aufbewahren.

Bild oben: Zitronenkekse
Bild unten: Gefüllte Schokokekse

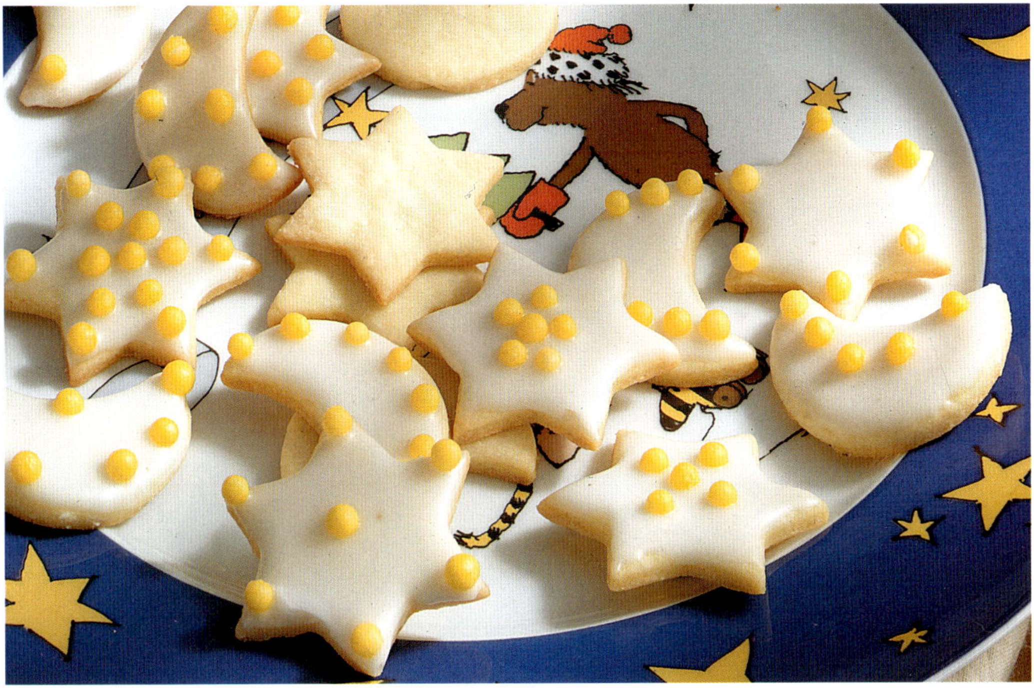

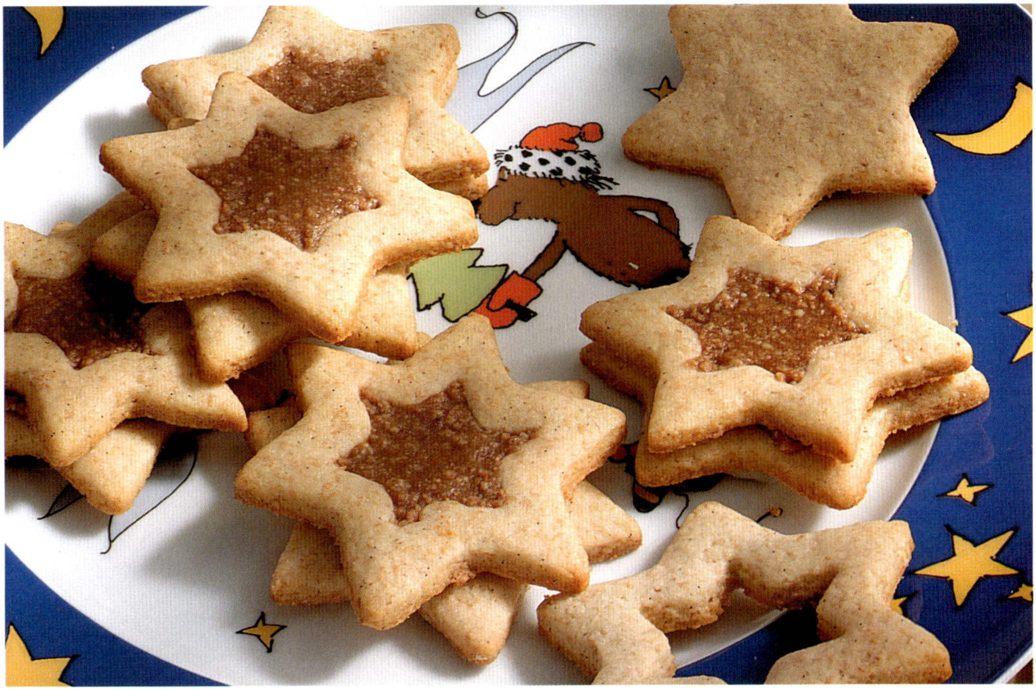

Eiskonfekt

Zutaten für 40–45 Stück:
60 g Walnußkerne
250 g Nußnougat
100 g Vollmilchkuvertüre
Außerdem:
40–45 Konfekthülsen aus Metall
Spritzbeutel oder Gebäckspritze
Non-Pareilles oder gehackte Nüsse,
Pistazienkerne oder Mandeln zum
Verzieren

Schnell

Bei 45 Stück pro Stück etwa:
230 kJ/55 kcal
1 g Eiweiß · 3 g Fett
4 g Kohlenhydrate

- Zubereitungszeit: etwa
  1 1/2 Stunden (davon
  1 Stunde zum Abkühlen)

1. Die Nüsse fein mahlen oder hacken und in einer Pfanne ohne Fett rösten, bis sie duften. Sofort aus der Pfanne nehmen und abkühlen lassen.

2. Das Nußnougat und die Kuvertüre grob hacken und zusammen im heißen Wasserbad schmelzen. Die Masse aus dem Wasserbad nehmen und die gerösteten Nüsse untermischen.

3. Die Konfekthülsen auf einem Tablett oder der Arbeitsfläche verteilen. Wenn die Schokoladenmasse auf Handwärme abgekühlt ist, diese in den Spritzbeutel oder die Gebäckspritze füllen.

4. Die Schokomasse in die Konfekthülsen spritzen und mit Non-Pareilles oder gehackten Nüssen verzieren und fest werden lassen. Gut kühlen.

Tip!

Sie können auch Figuren (Kringel, Achten, Sterne) auf Pergamentpapier spritzen und im Kühlschrank fest werden lassen. Damit die Figuren stabiler sind, sollten Sie dann 100 g Nußnougat durch Vollmilchkuvertüre ersetzen.

Pini-Pan

Dieses Konfekt ist nicht so fett- und zuckerreich. Deshalb muß es im Kühlschrank aufbewahrt werden!

Zutaten für etwa 50 Stück:
75 g Pinienkerne
125 ml Milch
125 ml Wasser
100 g Zucker
2 Päckchen Vanillezucker
50 g Butter
100 g Grieß
1 Messerspitze Zimtpulver
1 Messerspitze gemahlener Kardamon
Für die Garnitur:
50 g Sesamsamen
50 g gehackte Pistazienkerne

Spezialität aus Arabien

Pro Stück etwa:
210 kJ/50 kcal
1 g Eiweiß · 3 g Fett
5 g Kohlenhydrate

- Zubereitungszeit: etwa
  45 Minuten
- Zeit zum Trocknen: 2–3 Tage

1. Die Pinienkerne fein mahlen. Die Milch mit dem Wasser, dem Zucker und dem Vanillezucker bei schwacher Hitze etwa 15 Minuten leicht köcheln lassen, dabei ab und zu rühren.

2. In einem anderen Topf die Butter schmelzen und die Pinienkerne darin bei mittlerer Hitze unter ständigem Rühren etwa 2 Minuten rösten, den Grieß dazugeben und etwa 5 Minuten weiterbraten, bis die Masse leicht braun wird. Die Milch nach und nach in den Topf geben und unter Rühren etwa 5 Minuten weiterkochen lassen. Die Masse in eine Schüssel füllen und etwas abkühlen lassen.

3. Mit nassen Händen kleine Kugeln rollen, zu Talern formen. Eine Hälfte im Sesam und die andere in den Pistazien wälzen. 2–3 Tage bei Zimmertemperatur trocknen lassen.

Tip!

Die Masse eignet sich auch ganz toll zum Füllen von frischen Datteln: aufschneiden, Stein entfernen und Pini-Pan statt dessen hineindrücken.

Im Bild vorne: Pini-Pan
Im Bild hinten: Eiskonfekt

Gelee-Aussstecher

Zutaten für etwa 500 g:

3 Päckchen gemahlene Gelatine

300 ml Fruchtsaft (zum Beispiel

schwarze Johannisbeere oder Apfel

mit Zitrone)

90 g Zucker

4 Eßl. Glucosesirup oder

Traubenzucker

4 Teel. Maisstärke

3 Teel. Puderzucker

oder 7 Teel. Dekorschnee

Außerdem:

1 tiefe Auflauf- oder Backform von

20 x 20 cm

Ausstechförmchen

Dekorativ

Bei 100 Würfeln pro Stück etwa:
40 kJ/10 kcal
0,2 g Eiweiß · 0 g Fett
2 g Kohlenhydrate

- Zubereitungszeit: etwa
  20 Minuten
- Gelierzeit: 6 Stunden

1. Die Gelatine in 150 ml Saft etwa 10 Minuten einweichen.

2. Den übrigen Saft mit dem Zucker und dem Glucosesirup oder Traubenzucker unter Rühren langsam erhitzen, bis sich der Zucker aufgelöst hat. Die Gelatine dazugeben und weiter erhitzen, bis die Gelatine ebenfalls aufgelöst ist. (Sie darf nicht kochen!)

3. Die Form mit kaltem Wasser umspülen, das Gelee einfüllen und in mindestens 6 Stunden fest werden lassen.

4. Die Stärke mit dem gesiebten Puderzucker vermischen. Das Gelee auf die Arbeitsfläche stürzen und mit Förmchen beliebig ausstechen oder mit dem Messer in Würfel, Rauten oder Dreiecke schneiden. Die Figuren in dem Stärke-Zucker-Gemisch oder dem Dekorschnee wälzen.

Tip!

Das Gelee muß kühl aufbewahrt und schnell verzehrt werden. Wenn es nicht im Stärke-Zucker-Gemisch gewälzt wird, wird die Oberfläche nach etwa 24 Stunden zäh; Zucker allein zieht Wasser.
Damit das Gelee ein intensiv säuerliches Fruchtaroma bekommt, sollten Sie je nach Saftsorte 20–50 ml Saft durch Zitronensaft ersetzen.

Getauchtes Trockenobst

Zutaten für etwa 600 g Trockenobst:

600 g Trockenobst

50 g weiße Kuvertüre

50 g Zartbitterkuvertüre

50 g Vollmilchkuvertüre

30 g Kokosfett

Außerdem:

Pergamentpapier

Kokosraspel, gehackte Nüsse, Mandeln, Pistazienkerne oder bunte

Streusel zum Verzieren

Gelingt leicht · Schnell

Bei 150 Stück pro Stück etwa:
240 kJ/60 kcal
1 g Eiweiß · 1 g Fett
47 g Kohlenhydrate

- Zubereitungszeit: etwa
  45 Minuten

1. Das Trockenobst in warmem Wasser waschen und auf einem Sieb sehr gut trocknen lassen.

2. Die Kuvertüren getrennt grob zerkleinern. Jede Sorte separat mit 10 g Kokosfett im heißen Wasserbad schmelzen.

3. Das Dörrobst ganz oder zur Hälfte in die geschmolzenen Schokoladen tauchen und zum Trocknen auf Pergamentpapier legen. Oder von jeder Seite in die jeweils andere Kuvertüre tauchen.

4. Nach Geschmack können Sie die Früchte noch mit Kokosraspeln, gemahlenen Nüssen, Mandeln, Pistazien oder bunten Streuseln bestreuen.

Tip!

Lassen Sie die Schokolade etwas antrocknen, dann können Sie die Früchte zum Teil oder ganz in dem Dekormaterial wälzen.

Im Bild vorne: Gelee-Aussstecher
Im Bild hinten:
Getauchtes Trockenobst

Pop-Kekse

Zutaten für 1 1/2–2 Backbleche:
50 g Zitronat · 75 g Orangeat
200 g Dinkelmehl
100 g gemahlene Mandeln
50 g Ahornsirup
2 Teel. abgeriebene Schale einer
unbehandelten Orange
1/2 Teel. Zimtpulver
1 Messerspitze Ingwerpulver
150 g Butter
Für die Dekoration:
150 g Puderzucker
2–3 Eßl. Orangensaft
Außerdem:
Backpapier für die Bleche
Mehl zum Ausrollen
Micky-Mouse- oder andere
Ausstecher
Speisefarben, bunte Zuckerschrift,
Zucker-Deko nach Belieben

Schnell • Für Künstler

Bei 30 Stück pro Stück etwa:
500 kJ/120 kcal
2 g Eiweiß · 8 g Fett
12 g Kohlenhydrate

- Vorbereitungszeit: etwa
  2 Stunden (davon
  1 Stunde Ruhezeit)
- Backzeit: pro Blech
  10–12 Minuten
- Kühlzeit: etwa 30 Minuten
- Fertigstellung: etwa
  30 Minuten

1. Das Zitronat und das Orangeat sehr fein hacken. Alle Zutaten zu einem glatten Mürbeteig verkneten, zugedeckt etwa 1 Stunde kühl stellen.

2. Den Backofen auf 200° vorheizen. Die Bleche mit Backpapier auslegen.

3. Den Teig etwa 1/2 cm dick ausrollen, die Figuren ausstechen und auf die Bleche legen. Im Backofen (Mitte) 10–12 Minuten backen. Die Kekse auskühlen lassen.

4. Den gesiebten Puderzucker mit dem Orangensaft zu einer dicklichen Masse verrühren. Den Guß portionsweise einfärben und die Kekse verzieren.

Dino-Ausstecher

Zutaten für 2 Backbleche:
500 g Dinkelmehl
1 Beutel Trockenhefe · 125 g Zucker
1 Päckchen Vanillezucker
etwa 60 ml lauwarme Milch
250 g Quark (20 % Fett)
75 g Butter · 1 Ei
1 Prise Salz
1 Eßl. abgeriebene Schale einer
unbehandelten Zitrone
Außerdem:
Backpapier für die Bleche
Mehl zum Ausrollen
Dino-Ausstecher oder -Schablonen
1 Eigelb zum Bestreichen
nach Bedarf Nüsse, Trockenfrüchte,
Kuvertüre, Zuckerguß oder Zucker-dekor

Für Geschickte

Bei 20 Stück pro Stück etwa:
850 kJ/200 kcal
6 g Eiweiß · 7 g Fett
24 g Kohlenhydrate

- Vorbereitungszeit: etwa
  1 3/4 Stunden (davon
  1 Stunde Ruhezeit)
- Backzeit: pro Blech etwa
  20 Minuten

1. Alle Teigzutaten mit der Küchenmaschine oder den Knethaken des Handrührgerätes zu einem glatten Teig verkneten, abgedeckt an einem warmen Ort etwa 45 Minuten gehen lassen.

2. Die Bleche mit Backpapier auslegen. Den Teig etwa 1 cm dick ausrollen und Dinos ausstechen oder nach einer Schablone ausschneiden.

3. Den Backofen auf 180° vorheizen. Sollen die Dinos nicht oder mit Nüssen und Trockenfrüchten verziert werden, verschlagen Sie das Eigelb mit 1 Eßlöffel Wasser und bestreichen die Dinos damit. Nüsse und Trockenfrüchte leicht in den Teig eindrücken. Die Dinos nochmals etwa 10 Minuten gehen lassen.

4. Im Backofen (Mitte) etwa 20 Minuten backen, auskühlen lassen. Nach Belieben mit aufgelöster Kuvertüre, Zuckerguß oder anderen Dekoartikeln verzieren.

Bild oben: Pop-Kekse
Bild unten: Dino-Ausstecher

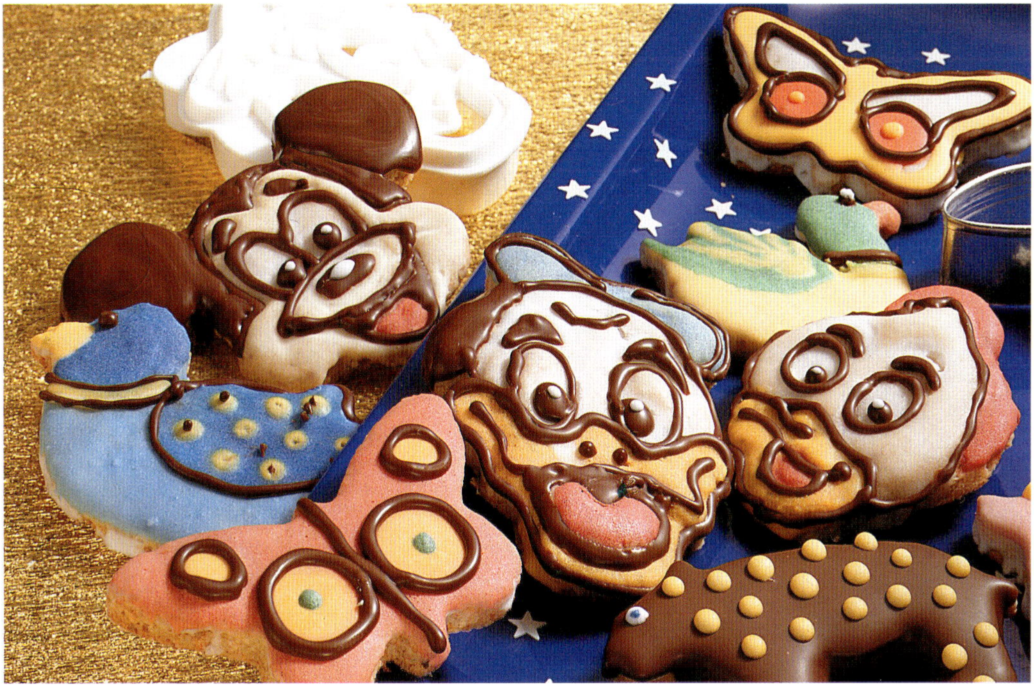

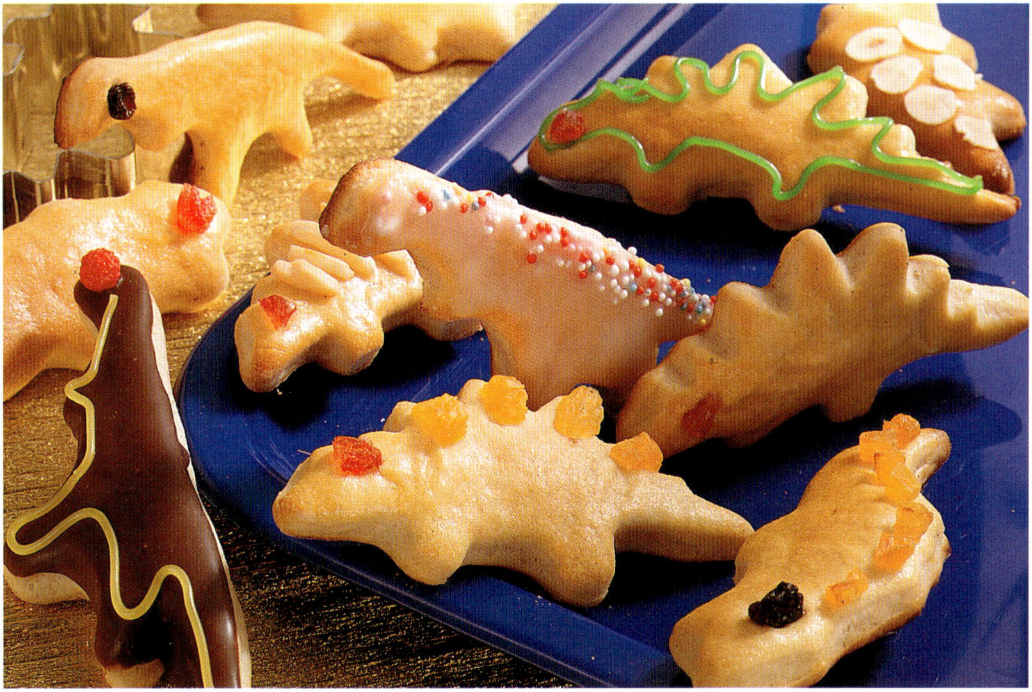

Doppel-schäumchen

Zutaten für 1 1/2–2 Backbleche:

180 g Butter

250 g Mehl · 200 g Zucker

2 Eigelb

1 Päckchen Vanillezucker

2 Eiweiß · 1 Eßl. Backkakao

50 g Vollmilchkuvertüre

75 g Nußnougat

Außerdem:

Backpapier für die Bleche

Mehl für die Arbeitsfläche

runder Ausstecher mit 3 cm Ø

Spritzbeutel oder Gebäckspritze mit

großer Tülle

Braucht etwas Zeit
Für Geschickte

Bei 80 Stück pro Stück etwa:
210 kJ/50 kcal
1 g Eiweiß · 2 g Fett
6 g Kohlenhydrate

- Vorbereitungszeit: etwa
  2 Stunden (davon
  1 Stunde Ruhezeit)
- Backzeit: pro Blech etwa
  18 Minuten
- Fertigstellung: etwa
  20 Minuten

1. Die Butter, das Mehl, 30 g Zucker, die Eigelbe und den Vanillezucker verkneten, etwa 1 Stunde ruhen lassen.

2. Den Backofen auf 180° vorheizen. Die Bleche mit Backpapier auslegen.

3. Den Teig auf der bemehlten Arbeitsfläche dünn ausrollen, Kreise ausstechen und auf die Bleche setzen.

4. Die Eiweiße sehr steif schlagen, nach und nach den restlichen Zucker und den Kakao einrieseln lassen. Die Baisermasse in den Spritzbeutel oder die Gebäckspritze füllen, auf jeden Keks eine kleine Baisermütze setzen. Im Backofen (Mitte) in etwa 18 Minuten hell backen.

5. Die Kekse auf dem Blech leicht abkühlen lassen, dann auf einen Kuchenrost setzen.

6. Die Kuvertüre grob zerkleinern und mit dem Nougat zusammen im heißen Wasserbad schmelzen. Mit dieser Masse jeweils zwei Kekse zusammenkleben. Die Schokolade fest werden lassen.

Marzipan-Stäbchen

Zutaten für 2–2 1/2 Backbleche:

150 g weiche Butter

100 g Zucker

4 Eigelb

120 g Marzipanrohmasse

100 g Speisestärke

150 g Mehl

200 g Orangenmarmelade oder

Lemon Curd

150 g Kuvertüre

Außerdem:

Backpapier für die Bleche

Spritzbeutel oder Gebäckspritze mit

kleiner Lochtülle

Pergamentpapier

Braucht etwas Zeit

Bei 100 Stück pro Stück etwa:
160 kJ/40 kcal
1 g Eiweiß · 2 g Fett
4 g Kohlenhydrate

- Vorbereitungszeit: etwa
  45 Minuten
- Backzeit: pro Blech etwa
  10 Minuten
- Kühlzeit: etwa 30 Minuten
- Fertigstellung: etwa
  30 Minuten

1. Den Backofen auf 180° vorheizen. Die Bleche mit Backpapier auslegen.

2. Die Butter mit dem Zucker schaumig rühren. Die Eigelbe und das Marzipan unterrühren. Die Speisestärke mit dem Mehl mischen und einarbeiten.

3. Den Teig in den Spritzbeutel oder die Gebäckspritze füllen. Etwa 5 cm lange Stangen auf die Bleche spritzen. Im Backofen (Mitte) in etwa 10 Minuten goldgelb backen. Auskühlen lassen.

4. Die Orangenmarmelade oder den Lemon Curd leicht erwärmen und je 2 Stangen damit zusammenkleben.

5. Die Kuvertüre im heißen Wasserbad schmelzen. Die Stangenspitzen in die flüssige Kuvertüre eintauchen, auf Pergamentpapier trocknen lassen.

Im Bild vorne: Marzipanstäbchen
Im Bild hinten: Doppelschäumchen

Knusper-hörnchen

Zutaten für etwa 45 Stück:

50 g kandierte Kirschen

100 g Sahne

100 g Honig

100 g Zuckerrohrgranulat

1 Prise Salz

150 g Sonnenblumenkerne

20 g Sesamsamen

100 g Zartbitterkuvertüre

Außerdem:

Öl und Alufolie für das Blech

Zuckerthermometer

Braucht etwas Übung

Pro Stück etwa:
170 kJ/40 kcal
1,3 g Eiweiß · 1 g Fett
5 g Kohlenhydrate

- Zubereitungszeit: etwa
  1 Stunde
- Trockenzeit: über Nacht

1. Die kandierten Kirschen in kleine Würfel schneiden, beiseite stellen. Das Blech einölen und mit Alufolie auslegen.

2. Die Sahne mit dem Honig, dem Zuckerrohrgranulat und dem Salz in einem Topf verrühren, zum Kochen bringen. Bei mittlerer Hitze unter ständigem Rühren etwa 10 Minuten kochen lassen, bis der Zucker sich gelöst hat und die Flüssigkeit dick wird (Zuckerthermometer 130°). Dann die Kirschen, die Sonnenblumenkerne und die Sesamsamen unterziehen.

3. Die Masse dünn mit einem Teelöffel auf das Blech setzen,

dabei zu kleinen Kipfeln formen. Wird die Masse zwischendurch zu fest, wieder erwärmen.

4. Die Hörnchen abkühlen lassen, eventuell mit den Händen nachformen. Über Nacht völlig fest werden lassen.

5. Die Kuvertüre grob zerkleinern und im heißen Wasserbad auflösen. Auf die Unterseite der Hörnchen streichen.

Tip!

Wenn Sie die Hörnchen nicht mit Kuvertüre bestreichen, sollten Sie sie auf geölter Alufolie aufheben – sie kleben sonst fest.

Pariser Stangerln

Sie lassen sich gut in einer Blechdose aufbewahren.

Zutaten für 2 Backbleche:

280 g ungeschälte, gemahlene Mandeln

140 g Zucker

1 Ei · 1 Eigelb

1 Prise Salz

1 Eiweiß

2–3 Tropfen Zitronensaft

120 g Zucker

Außerdem:

Backpapier für die Bleche

Zucker zum Ausrollen

Gelingt leicht

Bei 100 Stück pro Stück etwa:
120 kJ/30 kcal
1 g Eiweiß · 2 g Fett
3 g Kohlenhydrate

- Vorbereitungszeit: etwa
  45 Minuten
- Backzeit: pro Blech etwa
  10 Minuten

1. Den Backofen auf 175° vorheizen. Die Bleche mit Backpapier auslegen.

2. Die Mandeln mit dem Zucker, dem Ei, dem Eigelb und dem Salz zu einem glatten Teig verkneten. Den Teig auf Zucker dünn ausrollen, zu etwa 6 x 1 cm großen Stangen schneiden und auf die Bleche legen.

3. Das Eiweiß zu steifem Schnee schlagen, dabei den Zitronensaft und den Zucker einrieseln lassen. So lange schlagen, bis der Zucker sich ganz gelöst hat und die Masse glänzt. Die Stangen mit der Baisermasse bestreichen und im Backofen (Mitte) etwa 10 Minuten backen.

4. Die Stangerln erst nach etwa 5 Minuten vom Blech lösen.

Im Bild links und rechts:
Knusperhörnchen
Im Bild Mitte: Pariser Stangerln

Dattelstangen

Zutaten für 1 Backblech:

85 g Datteln

2 Eiweiß

140 g Zucker

85 g gestiftelte Mandeln

Außerdem:

Fett für das Blech

3–4 große, rechteckige Backoblaten

**Gelingt leicht
Eiweißverwertung**

Bei 45 Stück pro Stück etwa:
120 kJ/30 kcal
1 g Eiweiß · 1 g Fett
5 g Kohlenhydrate

- Zubereitungszeit: etwa
  30 Minuten

1. Die Datteln in kleine
Stückchen schneiden, die
Kerne dabei entfernen. Den
Backofen auf 160° vorheizen.
Das Blech leicht einfetten und
mit den Backoblaten belegen.

2. Die Eiweiße zu steifem
Schnee schlagen, dabei den
Zucker einrieseln lassen. Die
Mandeln und die Datteln vorsichtig unterheben. Die Masse
etwa fingerdick auf die Oblaten streichen und etwa 15 Minuten backen.

3. Noch warm in fingerlange
Stangen schneiden und ausge-
breitet vollständig auskühlen
lassen. In dicht verschließbaren
Dosen aufheben.

Weihnachts-Marshmellows

Zutaten für etwa 500 g:

3 1/2 Päckchen gemahlene
Gelatine

500 g Zucker

1 Eßl. Glucosesirup oder
Traubenzucker

2 Eiweiß

1 Messerspitze Zimtpulver

1 Messerspitze gemahlener Karda-
mom

Lebensmittelfarbe nach Belieben

2 Eßl. Puderzucker

2 Eßl. Maisstärke
(ersatzweise Dekorschnee)

Außerdem:

Zuckerthermometer

Auflaufform oder tiefes

Backblech 20 x 30 cm

Öl für die Form

**Für Geschickte
Eiweißverwertung**

Bei 60 Stück pro Stück etwa:
180 kJ/40 kcal
1 g Eiweiß · 0 g Fett
30 g Kohlenhydrate

- Zubereitungszeit: etwa
  30 Minuten
- Zeit zum Trocknen:
  mindestens 2 Stunden

1. Die Gelatine in 150 ml kaltem Wasser etwa 10 Minuten
einweichen.

2. Den Zucker, den Glucosesirup oder Traubenzucker und
200 ml Wasser in einem
schweren Topf bei mittlerer
Hitze unter ständigem Rühren
erhitzen, bis sich der Zucker
vollständig gelöst hat. Dann

den Sirup ohne Rühren bis zum
harten Ballgrad (121–130°)
erhitzen. Anschließend ins kalte
Wasserbad stellen.

3. Die Eiweiße zu steifem
Schnee schlagen. Die Gelatine
im warmen Wasserbad auflösen. Den Zimt, das Kardamon
und nach Belieben etwas
Lebensmittelfarbe dazugeben.

4. Wenn die Sirupmasse eine
Temperatur von weniger als
100° hat, die Gelatine einrühren und diese Mischung
unter ständigem Rühren langsam in den Eischnee fließen
lassen. Den Topf nicht auskrat-
zen!

5. Den Puderzucker und die
Stärke mischen. Die Form dünn
mit Öl auspinseln und mit
etwas Zucker-Stärkegemisch
ausstreuen. Die Gelatinemasse
in der Form glattstreichen und
in mindestens 2 Stunden fest
werden lassen.

6. Die Masse mit einem spit-
zen Messer aus der Form lösen
und auf die mit dem restlichen
Zucker-Stärkegemisch bestreute
Arbeitsfläche stürzen. Mit einem leicht geölten Messer in
Würfel schneiden oder beliebi-
ge Formen ausstechen. Die
Schnittflächen bestäuben, damit die Stücke nicht aneinander-
kleben. Luftdicht verschlossen in
einer mit Wachspapier ausge-
legten Dose aufbewahren.

Im Bild vorne:
Weihnachts-Marshmellows
Im Bild hinten: Dattelstangen

Erdbeertrüffel

Zutaten für etwa 50 Stück:
100 g Erdbeeren (frisch oder
tiefgefroren und aufgetaut)
1 Eßl. Erdbeersirup
150 g Sahne
200 g weiße Kuvertüre
40 g Kokosfett
etwa 20 g gehackte Pistazienkerne
Außerdem:
50 Pralinenmanschetten
Pürierstab oder Handrührgerät
Spritzbeutel oder Gebäckspritze mit
kleiner Sterntülle

Zum Verschenken
Für Geschickte

Pro Stück etwa:
180 kJ/45 kcal
0,4 g Eiweiß · 2 g Fett
1 g Kohlenhydrate

• Zubereitungszeit:
  2–2 1/2 Stunden (davon
  1 1/2–2 Stunden zum
  Abkühlen)

Tip!

Sie können statt Erdbeeren
und Erdbeersirup auch Him-
beeren oder Johannisbeeren
verwenden. Dann muß das
Obst nach dem Pürieren
durch ein Sieb gestrichen
(um die Kernchen zu entfernen) und danach gewogen
werden.

1. Die Erdbeeren auftauen lassen oder waschen und putzen.
Fein pürieren und mit dem Sirup und der Sahne bei schwacher Hitze etwa 10 Minuten
köcheln lassen.

2. Die Kuvertüre in kleine
Bröckchen schneiden und
zusammen mit dem Kokosfett in
der heißen Sahne schmelzen,
dabei ständig umrühren. Die
Trüffelmasse auskühlen lassen.
Die Manschetten auf ein feuch-
tes Tuch setzen, damit sie nicht
verrutschen.

3. Die kalte Trüffelmasse mit
dem Pürierstab oder dem
Handrührgerät cremig schlagen und in den Spritzbeutel
oder die Gebäckspritze
geben. Die Manschetten mit
der Masse ausspritzen.

4. Die Trüffel mit den Pistazien
bestreuen und im Kühlschrank
fest werden lassen.

Mint-Konfekt

Zutaten für jeweils 25–30 Stück:

Für die grünen Kugeln:

200 g weiße Kuvertüre

100 g Sahne

6–8 Tropfen Pfefferminzöl

einige Tropfen grüne Speisefarbe

Für die dunklen Kugeln:

200 g Vollmilchkuvertüre

100 g Sahne

6–8 Tropfen Pfefferminzöl

Zum Wälzen:

Dekorschnee

Kakaopulver

Zum Verschenken
Gelingt leicht

Bei 60 Stück pro Stück etwa:
125 kJ/50 kcal
0,6 g Eiweiß · 3 g Fett
4 g Kohlenhydrate

- Zubereitungszeit: pro Sorte
  etwa 30 Minuten
- Kühlzeit: etwa 1 3/4 Stunden

Tip!

Pfefferminzöl zum Aromatisieren des Konfekts gibt es in der Apotheke. Fragen Sie nach europäischer Pfefferminze, die asiatische Minze ist für Konfekt zu scharf.

1. Für das grüne Konfekt die Kuvertüre grob zerkleinern. Die Sahne kurz aufkochen, die Kuvertüre darin schmelzen.

2. Das Pfefferminzöl und die Speisefarbe unterrühren, die Masse ganz fest werden lassen. Für das dunkle Konfekt die Kuvertüre, die Sahne und das Pfefferminzöl verarbeiten wie oben beschrieben.

3. Mit einem Teelöffel etwa kirschgroße Kugeln von der Masse abstechen und zwischen den Händen rasch zu gleichmäßigen Kugeln rollen. Die grünen Kugeln sofort in Dekorschnee, die dunklen in Kakaopulver wälzen.

4. Das Konfekt hält sich etwa 3 Wochen, wenn Sie es kühl lagern.

Mini-Christstollen

Zutaten für 4 Stollen:

500 g Mehl · 1 Beutel Trockenhefe

100 g Zucker

100 ml lauwarme Milch

150 g Butter

1 Päckchen Vanillezucker

1 Prise Salz

1/2 Teel. Schale einer unbehandelten Zitrone

75 g gehackte Mandeln

200 g säuerlicher Apfel

1 Eßl. Zitronensaft

50 g Rosinen (am besten gelbe)

200 g Marzipanrohmasse

Außerdem:

Backpapier für das Blech

50 g Butter zum Bestreichen

4 Eßl. Puderzucker

Braucht etwas Zeit
Zum Verschenken

Pro Stollen etwa:
5300 kJ/1300 kcal
20 g Eiweiß · 50 g Fett
160 g Kohlenhydrate

- Zubereitungszeit: etwa
  3 Stunden (davon
  2 Stunde Ruhe- und Backzeit)

1. Alle Zutaten bis einschließlich der Zitronenschale zu einem glatten Teig verarbeiten. Den Teig abgedeckt an einem warmen Ort etwa 45 Minuten gehen lassen.

2. Die Mandeln in einer Pfanne ohne Fett rösten, bis sie duften, dann abkühlen lassen. Die Äpfel schälen, vierteln, die Kerngehäuse entfernen und grob raspeln, mit dem Zitronen-

saft vermischen. Ein Blech mit Backpapier auslegen.

3. Die Mandeln, die Apfelraspel und die Rosinen unter den Teig kneten. Den Teig vierteln und etwas ausrollen. Jeweils 50 g Marzipan zu einer Rolle formen, die fast so lang ist wie die Teigstücke. Auf jedes Teigstück 1 Marzipanrolle setzen, den Teig von einer Seite darüber schlagen und auf dem Blech nochmals etwa 30 Minuten gehen lassen.

5. Inzwischen den Backofen auf 160° vorheizen. Die Stollen im Backofen (Mitte) etwa 40 Minuten backen.

6. Die Butter zerlassen und die heißen Stollen damit einpinseln. Die abgekühlten Stollen dick mit Puderzucker bestäuben.

Mini-Apfelbrot

Zutaten für 4 Stück:

750 g Kochäpfel

100 g Zucker · 250 g Mandeln

250 g Weizenmehl

250 g Vollkornweizenmehl

1 1/2 Päckchen Backpulver

1 Päckchen Lebkuchengewürz

1 Teel. Zimtpulver

1 Eßl. Kakaopulver · 250 g Rosinen

Außerdem:

4 kleine Kastenformen von

15 x 7 cm (Inhalt etwa 1/2 l)

Fett und Mehl für die Formen

1 Eigelb zum Bestreichen

Mandeln und Kanditen zum

Verzieren

Gelingt leicht

Pro Stück etwa:
4900 kJ/1200 kcal
30 g Eiweiß · 40 g Fett
180 g Kohlenhydrate

- Zeit zum Durchziehen:
  4–6 Stunden
- Zubereitungszeit: etwa
  1 1/2 Stunden (davon
  1 Stunde Backzeit)

1. Die Äpfel waschen und ohne Kerngehäuse, Stiel- und Blütenansätze mit der Schale grob raspeln, mit dem Zucker vermischen und 4–6 Stunden ziehen lassen.

2. Die Mandeln in Wasser aufkochen, abgießen und aus der Schale drücken. Alle Zutaten miteinander vermischen.

3. Den Backofen auf 180° vorheizen. Die Formen einfetten und mit Mehl ausstäuben, dann den Teig einfüllen. Die Oberflächen glattstreichen, mit Mandeln und Kanditen verzieren, mit Wasser bestreichen.

4. Die Brote im Backofen (Mitte) etwa 1 Stunde backen. Kurz stehenlassen, dann aus den Formen stürzen und ausdampfen lassen. Kalt in Frischhaltefolie verpacken und kühl aufbewahren. Hält sich etwa 3 Wochen.

Im Bild vorne: Mini-Apfelbrot
Im Bild hinten: Mini-Christstollen

Advents-
kalender

Die 24 Minikuchen enthalten jeder eine kleine Überraschung: Murmeln, ganze Nüsse oder Mandeln, kleine Gutscheine, blank geputzte »Taler« oder kleine Edelsteine – Hauptsache sie sind hitzefest.

Die Zettel vor dem Einbacken dicht in Alufolie wickeln. Wenn der Kalender für die Kinder selber ist, müssen alle vor dem »Füllen« aus der Küche verschwinden – damit's eine echte Überraschung gibt.

Für 24 Miniküchlein:
160 g weiche Butter
100 g Zucker
2 Eßl. Vanillezucker
1 Prise Salz
4 Eier
400 g Mehl
4 Teel. Backpulver
etwa 80 ml Apfelsaft oder
andere Flüssigkeit
Außerdem:
24 Papiermanschetten oder
24 kleine Förmchen
(Inhalt etwa 50 ml)
Fett und Semmelbrösel für die
Förmchen
nach Bedarf
Zuckerguß oder Kuvertüre
Zuckerschrift oder Schokozahlen
24 kleine »backfeste« Gegenstände
zum Einbacken

Zum Verschenken

Pro Stück etwa:
410 kJ/100 kcal
1 g Eiweiß · 7 g Fett
6 g Kohlenhydrate

- Vorbereitungszeit: etwa
  45 Minuten
- Backzeit: pro Blech etwa
  20 Minuten
- Kühlzeit: etwa 30 Minuten
- Fertigstellung: 30–60 Minuten

1. Den Backofen auf 180° vorheizen. Gegebenenfalls die Förmchen einfetten und mit Semmelbröseln ausstreuen. Sonst die Papiermanschetten auf dem Blech verteilen.

2. Die Butter geschmeidig rühren, nach und nach den Zucker, den Vanillezucker und das Salz einrühren. Die Eier trennen. Die Eigelbe zur Zucker-Fett-Masse geben und unterrühren.

3. Das Mehl mit dem Backpulver mischen und mit der Flüssigkeit in die Eigelbmasse rühren. Die Eiweiße zu steifem Schnee schlagen und unter den Teig heben.

4. Den Teig auf die Förmchen verteilen. Die kleinen Überraschungen, wenn sie schwer sind, auf den Teig legen. Leichte Dinge etwas tiefer in den Teig drücken. Die Küchlein im Backofen etwa 20 Minuten goldbraun backen, auf einem Kuchengitter auskühlen lassen.

5. Die Küchlein nach Belieben verzieren. Wenn Sie die Küchlein mit Kuvertüre überziehen, sollten Sie die Zahlen aufsetzen, wenn die Kuvertüre noch nicht ganz fest ist. Die Zuckerschrift läßt sich am besten mit Einmalspritzen auftragen. Die Zahlen können Sie aber auch

mit buntem Zucker oder gemahlenen Nüssen auf die Küchlein streuen – vielleicht mit Hilfe von Schablonen. Dabei ist es besonders wichtig, daß die Glasur noch nicht fest ist. Die getrockneten Küchlein in durchsichtige Folie packen (sonst werden sie hart bis Weihnachten) und zum Adventskalender dekorieren.

Varianten:
Marmorküchlein:
Den Grundteig mit Milch statt Saft herstellen und halbieren. Eine Hälfte des Teiges in eine Form geben. Unter den anderen Teig 20 g Kakaopulver, 2 Teelöffel Zucker und 30 g Schokoraspel mischen. Den dunklen Teig auf den hellen Teig geben und mit einer Gabel spiralförmig durch beide Teigschichten ziehen, damit ein Marmormuster entsteht.

Nußkuchen:
Den Grundteig mit Milch herstellen, dabei 50 g Mehl durch 50 g gemahlene Nüsse und 50 g Schokoraspel ersetzen.

Ein Adventskalender der ganz anderen Art: mal gebacken! Vor dem Reinbeißen sollten Sie die Kinder auf die eingebackenen Überraschungen hinweisen – damit diese nicht unliebsam werden!

Kokoswürfel

Ladet eure Freunde zum Krümeln ein: Jeder bringt Keksreste von zu Hause mit, die übrig sind. Sie dürfen ruhig bröselig und trocken sein. Mit unseren Rezepten entstehen daraus leckere Konfektstückchen, die ihr selber essen oder verschenken könnt.

Zutaten für etwa 30 Stück:

200 g Biskuit- oder Rührkuchenreste

4 Eßl. Trinkschokolade (trinkfertig angerührt)

2 Eßl. Zuckersirup

50 g Kokosfett

1 Eßl. Kokosflocken

Außerdem:

Pergamentpapier

etwas Butter

Kokosflocken zum Wälzen

**Gelingt leicht
Resteverwertung**

Pro Stück etwa:
190 kJ/45 kcal
1 g Eiweiß · 2 g Fett
6 g Kohlenhydrate

• Zubereitungszeit: etwa
2 1/2 Stunden (davon
2 Stunde Ruhe- und Trockenzeit)

1. Den Kuchen zerbröseln und mit der Trinkschokolade und dem Zuckersirup vermischen.

2. Das Kokosfett schmelzen und mit den Kokosflocken zu den Kuchenbröseln geben. Die Masse zu einer dicken Paste vermischen. (Falls nötig, noch etwas Trinkschokolade dazugeben.)

3. Das Pergamentpapier leicht einfetten und die Kokospaste darauf glattstreichen. Etwa 1 Stunde fest werden lassen.

4. Die Masse in 2–3 cm große Würfel schneiden und in Kokosflocken wälzen, diese leicht andrücken. Die Würfel etwa 1 Stunde an der Luft trocknen lassen.

Süße Pommes

Zutaten für etwa 300 g:

50 g getrocknete Aprikosen

100 ml heller Fruchtsaft

200 g helle Kekse oder Kuchenreste

2 Eßl. Zuckersirup

2 Eßl. gemahlene Mandeln

Außerdem:

Blitzhacker oder Pürierstab

Pergamentpapier

etwas Butter

Kristallzucker zum Wälzen

**Witzig
Resteverwertung**

Bei 40 Stück pro Stück etwa:
130 kJ/30 kcal
1 g Eiweiß · 1 g Fett
6 g Kohlenhydrate

• Zubereitungszeit: etwa
2 1/2 Stunden (davon
2 Stunden Zeit zum Trocknen)

1. Das Trockenobst mit dem Saft solange erwärmen, bis es keine Flüssigkeit mehr aufnimmt, dann im Blitzhacker oder mit dem Pürierstab fein zerkleinern.

2. Die Kekse oder Kuchenreste fein zerkrümeln und mit den übrigen Zutaten zu einer glatten Masse verkneten. Falls nötig noch etwas Fruchtsaft hinzufügen.

3. Das Pergamentpapier leicht einfetten, die Masse darauf glattstreichen und für etwa 1 Stunde kalt stellen.

4. Den Zucker auf einen Teller streuen. Die Masse in Stäbchen schneiden und im Zucker wälzen. Vor dem Verpacken nochmals etwa 1 Stunde an der Luft trocknen lassen.

Tip!

Ihr könnt aus den Restemassen auch kleine Mohrenköpfe herstellen: Masse zu Köpfen formen, auf einen kleinen Keks oder eine Oblate setzen und mit geschmolzener Schokoladenkuvertüre überziehen.

Im Bild vorne und hinten:
Kokoswürfel
Im Bild Mitte: Süße Pommes

Engelsburg

Warum nicht mal eine Burg mauern, statt ein Hexenhaus zu bekleben? Da können mehrere mitbauen. Und wer will, kann die Burg am Ende noch mit Keksen und Konfekt verzieren. Den Teig am besten am Vortag backen – er läßt sich dann besser schneiden.

Für die Steine:
500 g Honig
125 g Butterschmalz
250 g Zuckerrohrgranulat
150 g Zartbitterkonfitüre
350 g Weizenmehl
300 g Weizenvollkornmehl
1 Päckchen Backpulver
250 g Mandeln, geschält und fein gemahlen
2 Teel. Zimtpulver
1 Prise Salz · 3 Eier
10 g Backkakao
3 Eßl. Kondensmilch
Für den »Mörtel«:
1 Eiweiß (sehr frisch)
250 g Puderzucker
100 g Mandeln, geschält und fein gemahlen
1 Zitrone
Außerdem:
Backpapier für das Blech
lange Holzspießchen · Glanzpapier
Süßkram zum Verzieren nach Bedarf

Gelingt leicht • Dekorativ

Insgesamt etwa:
42000 kJ/10000 kcal
170 g Eiweiß · 350 g Fett
1300 g Kohlenhydrate

- Zubereitungszeit: etwa 1 3/4 Stunden (davon 1 Stunde Ruhezeit)
- Backzeit: 25–30 Minuten
- Kühlzeit: über Nacht
- zusätzlich Zeit zum Zusammenbauen und Trocknen

1. Den Honig mit dem Butterschmalz und dem Zuckerrohrgranulat erwärmen, einmal aufkochen und wieder abkühlen lassen. Die Kuvertüre fein reiben. Beide Mehlsorten mit dem Backpulver mischen.

2. Die abgekühlte Honigmischung mit allen übrigen Teigzutaten zu einem mittelfesten Teig verkneten, eventuell noch etwas Mehl dazugeben. Den Teig abgedeckt etwa 1 Stunde kalt stellen.

3. Den Backofen auf 200° vorheizen. Das tiefe Backblech mit Backpapier auslegen, den Teig mit bemehlten Händen auf das Blech drücken, mit einem Nudelholz glätten. Mit der Kondensmilch bestreichen, im Backofen (Mitte) in 25–30 Minuten goldbraun backen.

4. Den Kuchen ausdampfen lassen, stürzen und das Backpapier abziehen. Dann den Kuchen völlig erkalten lassen. Am besten am nächsten Tag den Kuchen mit einem scharfen Messer in etwa 2 cm breite Streifen teilen und diese quer in Abschnitte von etwa 5 cm unterteilen.

5. Für den »Mörtel« das Eiweiß zu steifem Schnee schlagen. Den gesiebten Puderzucker unter Rühren in den Schnee einrieseln lassen. Die Mandeln unterheben. Die Zitrone auspressen und soviel Saft dazugeben, daß ein fester, aber streichfähiger »Mörtel« entsteht.

6. Vor dem Bauen zeichnen Sie sich eventuell eine Schablone für den Grundriß: etwa 23 x 21 cm – in eine Ecke kommt der Bergfried. Für die erste Reihe bestreichen Sie jeweils eine Quer- und eine Längsseite der »Steine« und setzen sie auf den Grundriß – Tor nicht vergessen.

7. Ab der zweiten Reihe verfahren Sie wie »normale« Maurer und geben immer etwas »Mörtel« auf den unteren Stein. Nach vier Steinreihen werden die Zinnen aufgesetzt – der Bergfried wird etwas höher.

8. In die Ecken lange Holzspießchen stecken, Fähnchen aus Glanzpapier anbringen. Auch die Mauer über dem Tor oder andere Schwachstellen können mit Spießchen stabilisiert werden.

Tip!

Natürlich muß die Burg nicht so aussehen: Vielleicht können die Kinder zuvor mit Lego ihre Lieblingsburg als Modell bauen – dann braucht nur noch nachgemauert zu werden!

Für Burgherren, Knappen, Lanzelots und Burgfräulein: Die Engelsburg zum Anschauen, Spielen und Vernaschen.

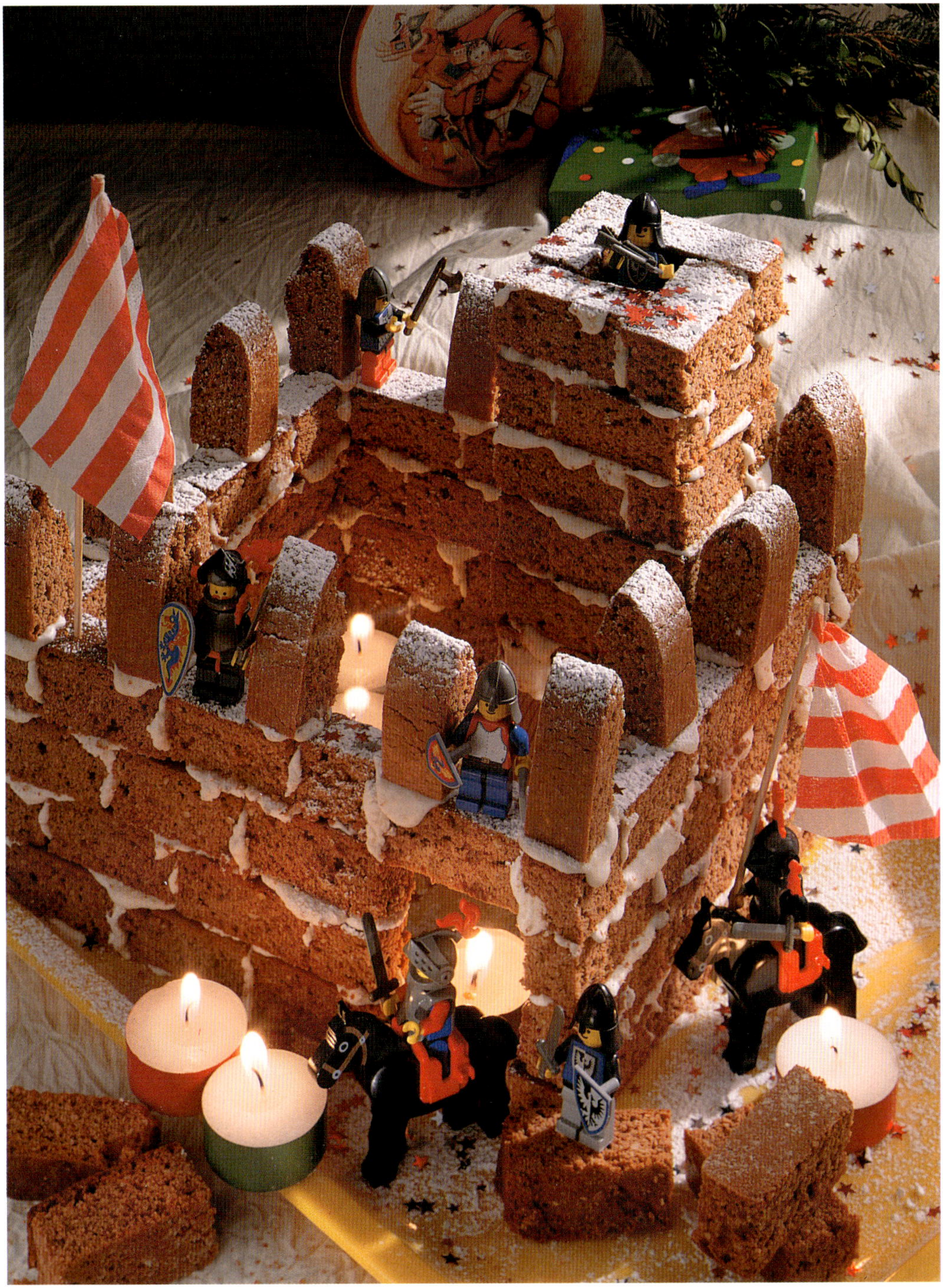

Zum Gebrauch

Damit Sie Rezepte mit bestimmten Zutaten noch schneller finden können, stehen in diesem Register zusätzlich auch beliebte Zutaten wie Marzipan und Schokolade – ebenfalls alphabetisch geordnet und halbfett gedruckt – über den entsprechenden Rezepten.

IMPRESSUM

Redaktion:
Adelheid Schmidt-Thomé
Layout: Ludwig Kaiser
Typographie: Robert Gigler
Herstellung: Renate Hausdorf
Fotos: Odette Teubner
Titelillustration:
Rea Roggenbuck
Bastelanleitung:
Ulrike Hundhammer
Umschlaggestaltung:
Heinz Kraxenberger
Satz: Computersatz Wirth, Regensburg
Reproduktionen: Otterbach Repro
Druck und Bindung: Appl, Wemding
ISBN 3-7742-2081-6

Auflage 5. 4. 3. 2. 1.
Jahr   99 98 97 96 95

Dagmar Freifrau von Cramm
studierte Ökotrophologie und setzte nach erfolgreichem Abschluß des Studiums die Theorie der Ernährung in die Praxis um. Sie war als Redakteurin bei einer großen Münchner Kochzeitschrift tätig. Seit 1984 arbeitete sie als freie Fachjournalistin für Ernährung und ist inszwischen Mutter von drei Söhnen. Dementsprechend beschäftigt sie sich besonders intensiv mit moderner, gesunder Kinderernährung – in Theorie und Praxis. Seit 1986 ist sie freie Mitarbeiterin der Zeitschrift »Eltern« und entwickelt regelmäßig Rezepte für Schwangere, Stillende, Kleinkinder und die ganze Familie.

Odette Teubner
wurde durch ihren Vater, den international bekannten Food-Fotografen Christian Teubner, ausgebildet. Heute arbeitet sie ausschließlich im Studio für Lebensmittelfotografie Teubner. In ihrer Freizeit ist sie begeisterte Kinderporträtistin – mit dem eigenen Sohn als Modell.